MW01634232

À mon fils aimé Jay Mombo

L'Apartheid Légal
qui piège le Congo

Une diaspora ostracisée à vie

qui trouvera dans ce plaidoyer
quelque chose qui nous unit, l'amour
de la famille auquel s'ajoute
le Congo que nous contemplons comme
les orphelins contemplent les
guirlandes chez les voisins la veille
de Noël,   Joliette, ce 13.01.2022
Bonne lecture !   Papa
André A. Mombo

Photo de la couverture :
   Masque Luba, RDC, gracieuseté de Guy Mushagalusa Chigogo – Art africain
   Espace Mushagalusa, Montréal, Canada.

Photo de l'auteur :
   Alvaro Pacheco

Graphisme et mise en page :
   André-Man Mbombo
   Courriel : *andrembombo76@gmail.com*

Dépôt légal
Bibliothèque et Archives nationales du Québec – 1er trimestre 2022
Bibliothèque et Archives du Canada – 1er trimestre 2022
ISBN 978-2-9820579-0-6
© Éditions Solstice Austral
Tous droits de traduction, de reproduction et d'adaptation réservés pour tous pays.
ISBN : 9798789637999

Imprimé au Canada

ANDRÉ-MAN MBOMBO

L'Apartheid Légal qui piège le Congo

Une diaspora ostracisée à vie

SOLSTICE AUSTRAL

DU MÊME AUTEUR

- *Le Trésor du Chef*, Collège du Sacré-Cœur de Luebo, 1972, (Comédie en cinq actes), 130 pages.

- *L'Albinos avatar et la Première Dame,* Solstice Austral, 2015, 493 pages.

- *L'Albinos avatar et la Première Dame, Tome 1* (édition revue et enrichie par l'auteur), Solstice Austral, 2017, 539 pages.

- *L'Albinos avatar – Voyage de noces au pays natal, Tome 2*, Solstice Austral, 2018, 469 pages.

- *Déclaration universelle des droits humains des personnes vivant avec albinisme* – Déclaration de Montréal, 13/06/2018.

- *L'Albinos avatar – La justicière, Tome 3*, Solstice Austral, 2019, 425 pages, à paraître en janvier 2019.

- L'albinisme et la non-innocence des mots. De l'albinos à l'amélanique, In : André-Man Mbombo (dir.), *La mélanine épinglée. De l'albinisme à l'amélanisme*, Solstice Austral, 2018, pp. 33   73.

- *L'École de Montréal et les droits des amélaniques,* In : André-Man Mbombo (dir.), *La mélanine épinglée, Vol. II, L'École de Montréal et le défi de vivre amélanique*, Solstice Austral, 2019, pp. 19-88.

- *Le cahier des charges des États Généraux de l'Amélanisme en Afrique (ÉGAA),* Hôtel Pullman, Kinshasa, 17 mars 2020.

*À nos ancêtres les Congolais,
et à mon ainé et ami Pierre Dugas.*

ANDRÉ-MAN MBOMBO est détenteur d'une licence en droit (Université de Brazzaville, 1978), d'une maîtrise en théologie (M.A., Université de Montréal, 1994), d'un certificat d'aptitude professionnelle d'avocat (École de Barreau du Québec, 1994) et d'une maîtrise en droit (LL.M., Université d'Ottawa, 1995). Il a enseigné au Congo-Brazzaville et au Gabon, et a exercé en tant qu'avocat au Congo depuis 1981 et au Canada, 1995.

Avec les mots et l'écriture, l'auteur de la trilogie « L'Albinos avatar » milite pour les droits des amélaniques. Il a rédigé la « Déclaration universelle des droits humains des personnes vivant avec albinisme » (Montréal, 2018) et fait adopter la « Résolution sur l'importance de l'éducation sur les droits des personnes vivant sans mélanine » par l'Assemblée Parlementaire de la Francophonie (Québec, 2018). Il a organisé les « États généraux de l'amélanisme en Afrique » (Kinshasa, 2021).

Me Mbombo est né à Tshikapa en République Démocratique du Congo.

SOMMAIRE

NOTE DE L'AUTEUR

Il existe deux pays en Afrique centrale qui portent le même nom : la République Démocratique du Congo (Congo-Kinshasa) et la République du Congo (Congo-Brazzaville). La diaspora congolaise ostracisée à vie ici est de celle des Congolais d'origine du Congo-Kinshasa qui ont perdu du fait de la Constitution leur nationalité congolaise d'origine ainsi que leurs descendants.

D'après la Constitution congolaise, la langue officielle du pays est le français et ses langues nationales sont le kikongo, le lingala, le swahili et le tshiluba. Les autres langues du pays font partie du patrimoine culturel congolais.

Les langues nationales et les autres pérennisent les traditions et véhiculent la sagesse ancestrale par les maximes et les proverbes qui seront cités et traduits en français dans le texte.

Ce livre contient des maximes et des proverbes en tshiluba et en lingala suivis des traductions littérales en italique pour faciliter la lecture et la compréhension.

AVANT-PROPOS

Instaurer la double nationalité universelle sans modifier la Constitution est-ce possible ? Oui. La Constitution qui est la source de tous les maux a prescrit des remèdes pour parvenir à une totale guérison paisible et apaisée.

Mais avant de vous dire qui doit faire quoi et comment il doit s'y prendre, je vous prie de me laisser vous raconter ma petite vie de pauvre ostracisé par le fait de la Constitution, je n'ai plus droit de cité dans mon propre pays d'origine, pays de mes ancêtres. Il m'est même interdit de chanter sans sauter des paragraphes l'hymne national, le « Debout Congolais ! ». Mes frères se sont approprié les ancêtres. Une petite consolation pour moi, les ancêtres ne m'ont pas tourné le dos, ils ne m'ont pas reproché de ne plus pouvoir m'asseoir avec eux autour du feu sacré.

Et voici ma petite histoire. Pierre, c'est mon ami qui me tient compagnie. Il m'endure et supporte mon caractère de prendre tout avec philosophe. Quand on n'arrive pas à se comprendre, je lui parle de mes ancêtres et de leur sagesse véhiculée par les proverbes. Sur ce point, il croit que je suis une encyclopédie. Je ne sais pas où est-ce qu'il a lu cette phrase d'Amadou Hampâté-Bâ: « En Afrique, quand un vieillard meurt c'est une bibliothèque qui brûle. »

Je suis arrivé au Canada le siècle dernier en tant que demandeur d'asile en provenance du Zaïre, actuelle République Démocratique du Congo. C'était le 19 juin 1990, par avion, avec ma famille, sept personnes au total, à l'Aéroport international de Montréal-Mirabel.

Plus de trente ans se sont écoulés, je me souviens de tout comme si c'était hier. La décision de quitter Kinshasa n'était pas facile pour moi, mais la crainte de perdre la vie avait eu le dernier mot. J'avais des amis et des connaissances ainsi qu'une famille au sens africain du terme. Ma carrière professionnelle d'avocat était florissante. Je venais d'acquérir une propriété pour ma famille et de m'acheter une Audi-100, une Renault R5 Alpine et une Mitsubishi Galant de l'année. J'avais des dossiers et des clients qui payaient bien. Une vie de rêve. Je voyageais. Je rencontrais des personnes importantes du monde de politique, des hommes d'affaires, des banquiers et des avocats de Bruxelles, Düsseldorf, Luxembourg, Paris, Zurich, Genève, Lausanne et New York. Personne ne pouvait croire que je pouvais du jour au lendemain quitter le Congo, mon pays. Mais, un jour, un dossier sensible m'a poussé à l'exil, un client intimidant voulait me réduire au silence.

Pour quiconque s'est retrouvé contraint à s'éloigner de son pays comme je l'ai été, l'exil, le bannissement et l'ostracisme cessent d'être des abstractions pour devenir des réalités palpables, pénibles et pesantes.

Suis-je qualifié pour parler de la diaspora congolaise et de l'ostracisme dont je suis victime de la part de mon pays d'origine ?

Constitutionnellement, non. J'ai perdu ma *nationalité congolaise d'origine* du fait de l'acquisition d'une autre nationalité.

Traditionnellement, oui. Nul ne peut être empêché de parler de sa fratrie. C'est depuis le siècle passé que je fais partie des milliers des Congolais d'origine dispersés à travers plusieurs pays. D'après un proverbe congolais si tu rencontres une anguille qui te dit qu'elle vient de croiser un crocodile, il faut décoder le message : « Soki nzombo ayebisi yo te auti kokotana na ngando, yokela ye.[1] » Soit qu'il y a effectivement un crocodile, soit qu'elle veut t'effrayer pour protéger sa femelle et éviter ainsi que tu ne voies comment elle pond des œufs. Bref, je connais la diaspora et la diaspora me connaît.

Des Congolais d'origine et des Québécois de souche avec qui j'ai partagé sur la problématique de la diaspora congolaise m'ont conseillé vivement de ne pas produire un réquisitoire et d'éviter de faire une thèse de maîtrise ou de doctorat sur le sujet, de peur de ne pas me faire comprendre, mais de me limiter à un simple plaidoyer compréhensible par monsieur et madame tout le monde.

— André ! Sais-tu à quoi ça me fait penser, ce qu'on te conseille de faire ?

— Franchement, je ne le sais pas, Pierre.

— À un film que nous avions vu lorsque tu habitais sur la rue Papineau, le passage où l'avocat demande à un témoin de lui expliquer un concept comme à un enfant de sept ans. Même, le juge avait aimé son speech. Je ne me souviens plus du titre. C'était le nom d'une ville.

— *Philadelphia*[2], avec Denzel Washington et Tom Hanks. Je me rappelle ce film et surtout de la réplique où Me Joe Miller dit à son client ceci : « Expliquez-moi comme si j'avais deux ans, parce qu'il y a un détail dans votre histoire que je n'arrive pas à faire rentrer dans ma cervelle. » Mais pourquoi ris-tu ?

— Oui, c'est comme cela que tu dois expliquer les choses pour la défense de la cause. Crois-moi, André. Je suis ton ainé, je sais de quoi je parle. Je suis un ingénieur-agronome diplômé d'université. Je suis détenteur d'une maîtrise. Mais, très souvent quand les avocats parlent, je ne pige rien. Vous utilisez constamment une langue de bois qui n'est comprise que par ceux qui vous ressemblent. Vous nous parlez de la doctrine, de la jurisprudence, des lois et des principes de droit à nous les néophytes comme si nous avions fait le droit avec vous. Expliquez-nous les choses le plus simplement possible comme à un enfant de sept ans.

— J'ai compris.

— Tu as compris ? Tant mieux. Mais moi je ne comprends pas l'histoire des Congolais qui ne sont plus Congolais. J'ai connu des Canadiens d'origine polonaise qui retournaient en Pologne voir leurs parents. Ils me disaient qu'ils avaient les deux citoyennetés.

Tiens ! L'Algérien qui nous avait pris en taxi un jour. Il disait qu'il utilisait son passeport algérien pour retourner en Algérie et que sa femme et tous les enfants avaient des passeports algériens délivrés par l'Ambassade d'Algérie à Ottawa. Vous avez une ambassade à Ottawa. Pourquoi ne peut-elle pas vous délivrer un passeport congolais ?

— En devenant Canadien, j'ai perdu ma nationalité congolaise d'origine. C'est la Constitution de la République Démocratique du Congo qui le dit.

— Ce n'est pas vrai. C'est contraire à tout bon sens. Comment peut-ont perdre son origine ? André ! Tu dois écrire. Tu dois écrire. J'ai vu sur ton bureau un livre dont le titre me semble prémonitoire. *Demain, il sera trop tard, mon fils*[3]. C'est le Capitaine Pierre Pagé, le père de l'auteure qui te l'avait remis.

— Il y a urgence d'agir.

— Ton pays là ne sait pas ce qu'il perd. Mais toi ? As-tu le droit de pratiquer au Congo ?

— Oui. Je suis toujours inscrit au barreau. Je paie mes cotisations.

— Pourquoi ne repars-tu pas au Congo ? Avec toute l'expérience et ton expertise, tu es plus utile là-bas qu'ici.

— J'ai essayé une fois lorsque la menace qui pesait sur moi avait disparu. Mais le fait d'être catalogué étranger dans le pays de mes ancêtres était déstabilisant et désho-norant. Après l'expiration de mon visa de trois mois, j'avais introduit à la Direction Générale de Migration une demande de visa d'établissement, mais le traitement du dossier nécessitait une mobilisation des moyens et beau-coup d'énergie. J'ai laissé tomber. Et pour sortir du Con-go, j'ai dû obtenir moyennant paiement des frais une attes-tation de la Direction Générale de Migration pour franchir les frontières.

— Le Congo ne sait pas ce qu'il est en train de perdre en excluant toutes ses filles et tous ses fils de la diaspora.

— Je ne te le fais pas dire mon cher ami Pierre.

— Crois-tu que le Congo va trouver une solution à ce problème ? Ça fait longtemps, plus de soixante ans. Quand est-ce que le Congo va cesser de loger bon nombre de ses enfants à l'enseigne des abonnés absents ? Tu me l'avais dit un jour. Depuis l'indépendance du Congo le 30 juin 1960. C'est devenu comme un legs qui est transmis d'une génération à l'autre, de père à fils. Il faut agir.

— C'est promis, je vais essayer d'agir.

— Essayer, ce n'est pas suffisant. Tu dois écrire. Un petit conseil : un langage simple compréhensible de tout le monde. Ne cherche pas à submerger les gens des références scientifiques ou macroéconomiques. Elles sont connues de tous ces gens qui veulent maintenir la tête du Congo sous l'eau.

Toi, tu t'adresses à une mère qui ne survit que grâce aux transferts d'argent que ses enfants lui envoient de pays lointains. Tu t'adresses au jeune garçon ou à la jeune fille qui attend un code d'envoi de Western Union ou Money Gram pour payer ses fournitures scolaires. Tu seras bien compris par une femme qui n'a pu s'acquitter des frais de maternité pour regagner son foyer qu'avec l'argent qu'un parent vivant à l'étranger a envoyé à son mari.

Pourquoi te dis-je tout ça ? Les références macroéconomiques ? Le FMI et la Banque Mondiale les ont. Ils savent que la diaspora participe à la hauteur de plus de 25 % au Produit Intérieur Brut des pays africains y compris le Congo. Ce n'est pas ton rôle d'expliquer le PIB. D'après la Banque Mondiale, une source fiable, le PIB du Congo en 2020 est de 49,87 milliards de dollars américains. De toutes les façons, c'est au FMI et à ses alliés de publier ce que la diaspora envoie comme argent et biens en Afrique. Selon l'Organisation Internationale pour les Migrations (OIM), les transferts d'argent de la diaspora vers le Congo, chaque année, sont estimés à 2 milliards de dollars américains, ce qui fait de la diaspora congolaise le premier contributeur aux services sociaux du pays[4]. De mon point de vue, tu n'es pas obligé de me croire, mon ami, les vrais chiffres des transferts d'argent de la diaspora sont largement au-dessus de ce qui est publié.

Depuis que certains politiciens occidentaux envisagent de faire chanter les pays du continent sur les transferts d'argent par Western Union, les diasporas africaines ont commencé à s'adapter aux menaces et à diversifier les voies d'envois.

Tu vois, André, et dis-le-moi. Quel citoyen congolais lambda peut comprendre que son frère et sa sœur partis à l'étranger ainsi que leurs enfants ne soient plus congolais, ce à cause d'une disposition constitutionnelle qui contraste avec la logique humaine et les traditions ancestrales ?

— Tu as tout compris, Pierre.

— Quand tu m'expliques les choses comme à un enfant de sept ans, c'est facile. La sagesse de tes ancêtres réside dans les proverbes. Je l'ai lu dans un de tes romans, *L'Albinos avatar et la Première Dame*[5]. Tu parles d'un tronc d'arbre qui ne se transforme jamais en crocodile, par le fait d'être dans l'eau.

— C'est un proverbe du Kasaï : « Mukoka wa mutshi mu mayi kawutu wandamuka ngandu. »

— En français, s'il te plaît. Tu le sais bien, mon congolais n'est pas à point.

— « Un séjour même de longue durée d'un tronc d'arbre dans l'eau ne le transforme pas en crocodile. » C'est en tshiluba, l'une des quatre langues nationales du Congo avec le kikongo, le lingala et le swahili. Le Congo n'a pas une langue qui s'appelle le « Congolais ».

— Je le sais. C'était pour te taquiner. J'aimerais savoir si tu peux retourner au Congo et ouvrir un dépanneur.

— Non. Le commerce de détail est interdit aux étrangers. J'ai perdu ma nationalité congolaise d'origine en devenant citoyen canadien. C'est la Constitution.

— Tu m'avais dit un jour que tu étais originaire de Tshikapa, une région diamantifère où les enfants savaient distinguer les diamants des autres cailloux avant de savoir lire et écrire.

— C'est vrai.

— Est-ce que tu peux retourner dans ton village ?

— En tant qu'étranger, il me faut une autorisation spéciale pour me rendre dans une zone minière. Oui, je peux retourner dans mon village.

— Si tu as le fameux sésame, est-ce que tu peux y aller et chercher des diamants.

— Non. L'activité artisanale est réservée aux citoyens congolais détenteurs d'un permis pour ce faire.

— Tu ne peux pas retourner dans ton pays d'origine sans visa d'entrée, tu ne peux te livrer au commerce de détail, tu ne peux pas retourner t'installer dans ton village sans permis, tu ne peux pas faire les activités réservées aux Congolais du pays, tu ne peux pas faire ceci, tu ne peux pas faire ça, dans ton pays d'origine ? C'est de la discrimination constitutionnalisée. C'est de l'apartheid légal à l'égard des Congolais d'origine et de leurs enfants. Ce n'est pas un bannissement, mais c'est plutôt de l'ostracisme à l'état pur.

— C'est édifiant ce que tu dis.

— Le Président actuel de la RDC…

— S.E.M. Antoine-Félix Tshisekedi Tshilombo.

— Ne vient-il pas de la diaspora ?

— Si, comme ses prédécesseurs. Mais pourquoi cette question ?

— En tant que personnalité politique ayant vécu à l'étranger, il doit comprendre mieux que quiconque la problématique de la diaspora congolaise. Peut-on parler de la diaspora congolaise pour désigner des Congolais d'origine que la Constitution ne reconnaît pas comme Congolais ?

— C'est une question pertinente.

— Le Président Tshisekedi Tshilombo a à cœur cette problématique de la diaspora congolaise. Chaque fois qu'il en a l'occasion, il parle de l'injustice que la Constitution cause aux Congolais d'origine qui ont acquis une nationalité étrangère.

— Il en parle, c'est bien. Pourquoi n'agit-il pas ? Je veux comprendre.

— C'est complexe.

— Explique-moi en termes simples comme si j'avais sept ans.

— Le problème de nationalité congolaise *une et exclusive* est un virus qui était inoculé dans la législation congolaise à l'indépendance du Congo par le colonisateur qui ne voulait pas que les Belges qui seraient tentés de rester au Congo ne puissent le faire. Ils étaient riches. Ils étaient instruits. Ils connaissaient les grands principes de droit, le principe de la continuité de l'État, et pouvaient mener des débats constitutionnels avec leur pays d'origine. Avec eux, la République Démocratique du Congo se substituant à l'ancienne colonie belge, une partie des avoirs et biens du Congo belge serait revenue automatiquement au nouvel État indépendant. L'idée des Congolais d'origine belge était une grande menace pour le Royaume de Belgique.

Ce petit rappel historique me semble nécessaire. Le Congo s'est contenté des rares biens que les colons possédaient au Congo et n'a pas pu participer à la table ronde économique qui n'a pas eu lieu faute de la représentation congolaise ni exiger un inventaire des biens de l'État congolais.

C'est ainsi que le contour de la nationalité congolaise est devenu nébuleux, un genre de patate chaude que les politiciens se passent les uns aux autres. Ils ne veulent pas se brûler les mains.

Le premier Président de la République Démocratique du Congo, Joseph Kasa-Vubu[6], a hérité de la question de nationalité exclusive comme un legs colonial dans des conditions d'urgence où l'essentiel était l'accession immédiate à l'indépendance. Il a eu le mérite d'exiger la libération de Patrice Émery Lumumba[7] et sa participation à la Table ronde belgo-congolaise de Bruxelles en 1960.

— J'ai compris. Mais c'est une chanson rouillée qui n'est plus douce à mes oreilles. La fameuse excuse coloniale ! Lorsque ça ne marche pas au Congo, c'est le fait du colonisateur belge. Oui, le Président Kasa-Vubu a reçu en héritage le principe de la nationalité exclusive. La Belgique est un royaume, le roi a décidé que ses sujets ne peuvent pas avoir d'autres nationalités. Mais le Congo est une république. Qu'est-ce que les autres présidents ont fait lorsqu'ils se sont rendu compte du piège colonial ?

— Pire que le roi des Belges. Comme un poisson qu'on noie dans l'eau, ils ont glissé le principe de la nationalité exclusive dans les législations de sorte qu'il est devenu le fil d'une étoffe dont s'est défaite la nation congolaise qui endommage le tissu tout entier. C'est sur ce principe qui exclut les fils et les filles du pays qu'ils se disent bâtir la nation, oubliant que la pierre que rejetèrent jadis les bâtisseurs était devenue la principale de l'angle. Oui, la pierre angulaire sur laquelle repose la bâtisse.

— C'est dans la Bible ? Les Congolais croient et prient beaucoup. Ils trouveront facilement dans la Bible tous les versets qui parlent de la pierre angulaire. Mais je vais savoir ce qu'ont les présidents congolais à bannir les Congolais du pays de leurs ancêtres.

— Le Président Joseph-Désiré Mobutu Sese Seko[8] a fait de la nationalité exclusive son cheval de bataille. Il connaissait bien la diaspora congolaise pour avoir vécu un laps de temps court en Belgique lors de sa formation d'assistant social. Les Congolais d'origine vivant à l'étranger étaient pour lui une source de contestation, un foyer des agitateurs, à écarter. Il a coulé en béton le principe de la nationalité exclusive dans la Constitution de la République du Zaïre et dans les lois du pays.

La parole du Président Mobutu était une loi d'État et sa pensée une doctrine. « La parole du président a force de loi », vociférait la Voix du Zaïre, le plus grand tamtam d'Afrique. Il s'était taillé une Constitution sur mesure. Après s'être octroyé les pleins pouvoirs, il s'est réservé dans sa Constitution le droit de légiférer sur la nationalité. C'est la loi qui fixait les règles concernant la nationalité. Il pouvait ainsi quand ça faisait son affaire décider une naturalisation collective des personnes et abroger la mesure le cas échéant. Il avait réussi à faire de la diaspora congolaise sa phobie, une véritable phobie des personnes indésirables de son régime. La seule chose qui l'intéressait était la conservation de son pouvoir. Tous les opposants étaient condamnés à l'exil.

— Avait-il tort ? N'est-ce pas que c'est de la diaspora que son régime a pris un plomb dans l'aile ?

— Je ne peux pas dire qu'il avait raison. Le pouvoir politique est aspirateur d'énergies. Il corrompt l'homme et l'use à souhait. Mobutu a eu plus de trente ans de pouvoir absolu. Mais quand il est tombé et qu'il s'est retrouvé en exil, c'est la même diaspora qu'il avait ostracisée et les enfants des bannis qu'il y avait trouvés. Chez nous, quand un vieux chêne tombe après une forte pluie, les enfants disent que le vent a été fort, mais pour les sages, c'est le temps qui a eu raison de l'arbre. Qu'est-ce que le vieil arbre n'a pas enduré avant la tornade fatidique ? Mobutu le pauvre est tombé et la diaspora n'a ni lot ni part dans sa chute.

— C'est Laurent Kabila qui l'a renversé ?

— Oui, le Président Mzee Laurent-Désiré[9]. Mais lui n'a pas légiféré sur la nationalité exclusive. Pour lui, il était absurde que les Congolais qu'il a connus en exil ainsi que lui et qui avaient acquis d'autres nationalités puissent être considérés comme étrangers. C'étaient des identités de façade pour pouvoir demeurer en toute légalité dans les pays où ils vivaient. Les Congolais et Congolaises d'origine détenteurs des nationalités des pays d'Amérique, d'Europe, d'Asie, d'Océanie et d'Afrique ainsi que leurs enfants qui l'accompagnaient avaient trouvé en lui un défenseur de double nationalité. Hélas, il n'a pas eu le temps de légiférer. Il a été arraché brutalement de l'affection des Congolais qui continuent de s'ennuyer de lui et de son franc-parler. Ses compatriotes l'appelaient affectueusement Mzee, littéralement « le Sage » en swahili.

Est-ce parce qu'il n'a fait que 3 ans, 7 mois et 30 jours, qu'il n'a pas trouvé la solution des binationaux ? Son successeur Joseph Kabila, son fils, lui, a fait 18 ans et 8 jours, et a légué au Congo une Constitution qui a scellé le sort des Congolais d'origine ostracisés.

— C'est son fils qui l'a remplacé ? Quelle veine !

— Oui, le Président Joseph Kabila Kabange[10]. C'est lui qui a légué au Congo la Constitution congolaise actuelle qui a cimenté la nationalité exclusive et précisé qu'elle ne peut pas être détenue concurremment avec aucune autre. Une Constitution qui exclut de la nation congolaise les Congolais d'origine en dépit de tout bon sens, créant ainsi un apartheid légal. La nationalité congolaise *une et exclusive* lui a permis à neutraliser tous les acteurs politiques qui avaient accompagné Mzee dans sa conquête du pouvoir suprême. Tout détenteur de nationalité étrangère, selon sa Constitution, devait faire profil bas ou quitter la vie politique. Certains élus ont vu leurs mandats invalidés à cause d'une double nationalité et d'autres ont été obligés de démissionner. Le chantage à la double nationalité est devenu une arme politique de prédilection.

— Il n'est plus président. Le problème est alors résolu ?

— Non. Le principe de nationalité exclusive est coulé dans la Constitution.

— Que dit le successeur de Joseph Kabila ?

— Le Président, Antoine-Félix Tshisekedi Tshilombo[11], a reçu ce legs injuste de la part de ses prédécesseurs. Avec lui, tous les espoirs sont permis pour la réparation de ce tort que la Constitution de la République Démocratique du Congo cause à bons nombres des Congolais d'origine bannis du pays de leurs ancêtres.

— Peut-il le faire ?

— Pourquoi me poses-tu cette question ?

— Qu'est-ce qui prouve qu'il n'agira pas comme ses prédécesseurs ? Des promesses et de beaux discours des politiciens.

— Tu me poses la même question, mon cher, et tu connais très bien ma réponse. Il a donné sa parole d'honneur. C'était même l'un des thèmes de sa campagne électorale qu'il a répété dans son discours d'investiture. Il a promis d'instaurer la double nationalité devant la diaspora congolaise en Belgique en 2019[12] et lors de son discours du 6 décembre 2020 devant la Nation à l'issue des consultations[13] et aussi la journée de l'ouverture du forum de la diaspora, le 17 novembre 2021[14].

— C'est la Constitution qui a consacré l'unicité et l'exclusivité de la nationalité congolaise. Peut-on réaliser la double nationalité au Congo sans modifier la Constitution ?

— Oui. Cela demande le courage politique. Ce n'est pas le courage politique qui manque au Président Antoine-Félix Tshisekedi Tshilombo.

— Explique-moi comment procéder sans modifier la Constitution ni passer par le Parlement. Ne me parle pas en proverbes de têtes de chèvre et des cornes. Je sais que les proverbes véhiculent la sagesse en Afrique.

— « Nkupa mutu, ulomba nsengu »[15]. C'est le proverbe luba auquel tu fais allusion. Littéralement : *Je te donne la tête (de chèvre), toi tu me réclames les cornes.* Les cornes se trouvent sur la tête. Tu vois ? Tu as raison. Quand une personne te demande les cornes, donne-lui les cornes. Peut-être qu'elle a un besoin spécifique qui exige l'usage des cornes : un rite spirituel par exemple. Comme toi, qui demande la procédure sure et efficace à suivre. J'ai beau t'expliquer les lois, le droit constitutionnel et le rôle des cours et tribunaux. Ce n'est pas ce que tu veux pour le moment. Je peux même te donner une chèvre, comme ce n'est pas ce que tu cherches, tu ne seras pas content.

Tu auras ta procédure, c'est promis. Mais avant tout, je dois te présenter la diaspora congolaise et le rôle qu'elle joue au Congo. Pour arriver à la procédure, je vais recourir aux référents que maitrisent les Congolais et qu'ils usent tous les jours : le droit, les lois, les croyances, les ancêtres et la sagesse populaire.

Tu verras combien c'est simple. Le Président de la République, Chef de l'État, n'est pas obligé de passer par les pyromanes ni s'associer à eux pour éteindre l'incendie et réparer le tort que les constituants ont causé aux fils et filles du Congo ainsi à leurs enfants privés de leur identité nationale d'origine.

Est-ce que l'on jette l'enfant dans le brasier parce qu'il a brulé la maison ? Nos ancêtres ne nous le recommandent pas. « Mwana mosha nzubu kabatu bamwela mu kapia » dit un proverbe du Kasaï : *On ne jette pas l'enfant dans la maison au feu parce qu'il l'a incendiée.*

Priver les Congolais d'origine de leur identité du fait de la détention d'une autre nationalité étrangère est un ostracisme cruel. Même les Grecs qui ont inventé le bannissement par ostracisme ne s'étaient jamais imaginé qu'un jour il s'appliquerait à toute une fraction de la population d'un pays.

— Combien de pays dans le monde pratiquent le principe de nationalité exclusive ?

— Ils ne sont pas légion. Je peux te les citer tous. Mais ce n'est pas parce que la République Démocratique du Congo n'est pas le seul pays au monde à avoir opté pour la nationalité exclusive que c'est juste. Par contre, je peux nommer les pays qui se sont développés ou qui ont soulagé la misère de leurs populations à cause de la double nationalité de leurs citoyens de la diaspora.

— Combien y a-t-il de Congolais qui vivent à l'extérieur du Congo ?

— Ce n'est pas la question du nombre. Même s'il n'y avait qu'un seul Congolais à l'étranger, il fallait s'en préoccuper. La parabole biblique de la brebis perdue et retrouvée est connue de tout le monde au Congo. Le Congo doit être ce berger qui laisse quatre-vingt-dix-neuf brebis pour aller à la recherche d'une brebis perdue dans le désert.

— Tu n'as toujours pas répondu à ma question. Combien des Congolais à l'étranger ?

— On nous estime à plus de 5.000.000 d'adultes sans compter les enfants.

— Tu as dit : plus de 5.000.000 ? C'est énorme. Il y a des pays et des États qui comptent moins de 1.000.000 d'habitants. Je peux t'en citer.

— Le Congo compte plus de 110.000.000 d'habitants. Il peut se passer de quelques cinq ou dix millions de brebis perdues.

— Là, je ne suis pas d'accord avec le Congo. Ce sont ces 5.000.000 de personnes qui envoient au pays, chaque année, plus de 2 milliards de dollars américains aux 110.000.000 de Congolais qui se pomponnent lorsqu'ils ont réalisé 49,87 millions de dollars de PIB, sans contrainte ni encouragement. Moi, si j'étais le Congo, je ne sacrifierais pas mes enfants. Que dit Dieu dans tout ça ?

— Dieu ? Dieu est du côté de la diaspora. Dieu la couvre des bénédictions et lui donne des moyens pour secourir les frères et sœurs au pays. Dieu posera au Congo la même question qu'à Caïn : « Qu'as-tu fait de ton frère Abel ? »

— Et certainement, ce n'est pas cette réponse que Dieu voudra entendre : « je ne sais pas et je ne suis pas gardien de mon frère. » Crois-tu que Dieu peut maudire Caïn pour ce qu'il a fait au fils de sa mère ?

— Dieu est Dieu. Il sait tout. Il ne ment pas. Il n'est pas un fils d'homme pour se repentir.

— Que disent les ancêtres dont tu me vantes la sagesse ?

— Les ancêtres ne sont pas contents. Pas du tout. Ils ont retiré leur sagesse du Congo. Tant que le Congo ne leur montre pas ses frères et sœurs ainsi que leurs enfants partis à l'étranger, il sera esclave de tout le monde. Pour les ancêtres, il n'y a pas de Congolais du pays d'un côté et de Congolais de la diaspora de l'autre. C'est ainsi que quand un Congolais du pays se mouche, celui de la diaspora éternue. Ils disent : « Dikoshi ne nyima ki mmukwabo mubidi » : *Ta nuque et ton dos font partie de toi*. Ils ont retiré leur sagesse au Congo et lui ont effacé la mémoire. Ils lui ont laissé l'intelligence.

L'intelligence ! Le Congo est composé de personnes suffisamment instruites, intelligentes et bardées de diplômes universitaires de tout genre et dans tous les domaines. L'intelligence les ramène toujours à leurs maîtres à penser, aux manuels qu'elles ont lus et aux études faites. Mais la sagesse ramène ses élus aux ancêtres. La sagesse est différente de l'intelligence. L'homme sage n'est pas calculateur et il est généreux. L'homme intelligent quant à lui est un stratège. Les érudits sont d'excellents joueurs d'échecs et les sages des poètes.

L'hymne national, le « Debout Congolais ! » est une œuvre de sagesse. Les aïeux dont il parle sont des aïeux de tous les Congolais. Il ne faut pas cracher sur la mémoire de nos aïeux.

— Que disent les érudits du Congo ?

— Ils se renferment dans leurs livres et, sans mémoire, ils ne peuvent pas consulter les ancêtres.

— Ils auraient dû lire plutôt le grand livre humain ouvert sur le front du peuple congolais. Le Congo a besoin de l'exorcisme pour recouvrer la mémoire de ses ancêtres.

Et que dit le droit dans tout ça ?

— Le droit bien sûr penche du côté de la diaspora, mais la politique ne veut rien entendre, car il ne fait pas son affaire. C'est un problème de l'homme, créé par l'homme, qui ne peut être résolu que par l'homme. Il ne faut pas regarder vers les montagnes d'où viendrait le salut.

La voie législative est une voie hasardeuse. Si le Président l'emprunte, il tombe dans le piège constitutionnel et perd ainsi son pari de réussir là où ses prédécesseurs ont échoué. Cette Constitution qui tient le Congo à la gorge et l'asphyxie a été intelligemment concoctée en Europe par des constitutionnalistes occidentaux, discutée en Afrique du Sud et référée au Congo comme un bébé-éprouvette.

Les Congolais s'en sont approprié par référendum. Mais elle contient des pièges que n'importe quel politicien peut user à dessein et utiliser comme un outil de chantage.

— Tu as raison. Il faut un courage politique pour mettre fin à cet apartheid légal qui piège le Congo. « Ils ne mouraient pas tous, mais tous étaient frappés ».

— Que viennent faire les « Animaux malades de la peste » de Jean de Lafontaine dans cette affaire d'amnésie spirituelle du Congo à qui les ancêtres ont tourné le dos ?

— Certes, le Congo est inondé des érudits qui n'ont que la science et les livres comme référence, mais les aïeux ont laissé des gardiens du savoir, les sages, les poètes, capables d'invoquer les ancêtres pour souffler le courage et la force à celui qui doit ramener les captifs, le courage de faire ce qui est juste.

Votre Président est animé de bonnes intentions. C'est une bonne personne. Il parle bien, j'ai suivi son discours à l'ouverture du colloque sur la diaspora. C'est un homme bien.

— « On tient le taureau par les cornes, et un homme sage par sa langue », dit un proverbe. « Mapasa batu ba amuenena pa lwanda », dit-on dans mon village : *Les jumeaux, on ne les constate que dans le panier.* Tu vois ? La grosseur d'une grossesse n'est pas un gage des jumeaux.

— Autrement dit, c'est une affaire à suivre. En bon québécois, tu fais le Saint-Thomas.

— Le mal de la diaspora congolaise est profond et tentaculaire. Il ne peut pas s'extirper lors d'une messe expéditive qui s'appesantit sur les symptômes. Il faut l'adhésion populaire pour que le retour des captifs soit réjouissant.

— Que disent les églises ?

— Toutes complices. Elles sont en contradiction avec les saintes Écritures. Personne ne devait communier tant que l'enfant prodigue traîne devant l'enclos de la parcelle familiale.

— Tu as une Maîtrise en théologie ?

— De l'Université de Montréal, et aussi une Maîtrise de droit de l'Université d'Ottawa.

— Tu as rédigé la *Déclaration Universelle des droits humains des personnes vivant avec albinisme* ?

— Oui, et j'ai lancé une pétition qui a porté fruit.

— Par fruit tu veux dire l'adoption par l'Assemblée Parlementaire de la Francophonie de la *Résolution sur l'importance de l'éducation sur les droits des personnes vivant sans mélanine.*

— Oui. Avec l'aide de la députée québécoise Carole Poirier qui a porté le projet à l'Assemblée Parlementaire de la Francophonie qui se tenait à Québec et l'amitié et l'écoute du révérend Serge St-Arneault du Centre Afrika de Montréal. Au moins, l'APF, elle, me cite dans sa résolution : « Considérant la tenue de la première Journée internationale de sensibilisation à l'albinisme, à Montréal, le 13 juin 2018, et l'adoption de la Déclaration universelle de Montréal des droits humains des personnes vivants avec albinisme. » Quelle élégance ! « Kabongesha katshidia nkunde » : *Celui qui fait tout en plus de cuisiner est rarement invité à la table.*

— Tu fais allusion au premier Colloque panafricain de sensibilisation à l'albinisme de Kinshasa[16] ?

— Je n'étais pas invité.

— On t'a évité, alors ? C'était un colloque panafricain tenu à Kinshasa. Les organisateurs n'avaient invité que des Africains et des Congolais. Es-tu Congolais ?

— L'expertise n'a pas de nationalité.

— Il n'y a pas là de quoi fouetter un chat. Ce que toi tu as obtenu pour les amélaniques[17] est un sésame : une résolution sur l'importance de l'éducation sur les droits humains des personnes vivant sans mélanine ! La francophonie c'est planétaire, ça englobe aussi des pays africains. Ça va se régler lors qu'ils liront tes travaux. Sais-tu combien de pays n'ont pas réussi à faire adopter une résolution à l'Assemblée Parlementaire de la Francophonie ?

— C'est à toi de me le dire.

— Tous. Tu es un veinard.

— C'est une cause noble.

— N'as-tu pas suivi une formation d'intervenant et un stage prolongé en soins spirituels cliniques en milieu hospitalier ?

— À l'hôpital général de Joliette. Mais je n'ai pas été engagé : mon formateur me reprochait ma grande taille qui lui rappeler John Coffey, le personnage noir du film américain de 1999 « *La ligne verte* », incarné par Michael Clarke. Il disait que j'avais une taille à faire peur aux patients.

— Penses-tu que si tu avais ma taille ils t'auraient engagé ? Tu as fait des études de Doctorat en droit ?

— Deux ans à l'Université d'Ottawa, mon relevé des notes peut l'attester, mais j'ai arrêté, je devais assister des clients investisseurs dans leurs projets au Congo. Ma thèse portait sur *la redéfinition de la dette internationale de l'Afrique, le cas de la République Démocratique du Congo*. Ma dissertation, mes notes de lectures de doctrines et de jurisprudences et le plan détaillé de la thèse sont dans ce tiroir.

— Tu es avocat ?

— Depuis 1981.

— Pour moi, tu as la tête de l'emploi et tu es qualifié pour le job demandé. C'est de la mauvaise foi si tu ne dis pas à tes frères et sœurs ce qu'ils doivent savoir sur le calvaire de l'exilé. Tu peux compter sur moi pour te sonner à 5 h du matin afin de te réveiller.

— Le Congo a d'éminents juristes, des docteurs et des professeurs et des experts. Ils vont tous me rentrer dedans comme tu ne peux pas t'imaginer. Tu ne connais pas mes compatriotes.

— Lesquels ? Du Québec ou du Canada ?

— Du Congo.

— Je ne connais pas tes compatriotes du Congo, mais toi, je te connais. Tu peux causer et dire vrai. Quel que soit le sujet, il y aura toujours des experts en tout et pour tout. Tu ne peux pas jeter une bouteille à la mer et lui éviter d'attraper l'eau. Naaman, le général en chef de l'armée du roi de Syrie a été guéri de la lèpre en se baignant dans le Jourdain. Les fleuves de Damas ne valaient-ils pas mieux que tous les cours d'eau d'Israël ?[18] C'est dans la Bible, *2 Rois 5*, mon ami. Même là, il y avait déjà des experts. Mille lecteurs d'un livre, mille compréhensions différentes. Sur ce dossier, tu as un parcours, tu as un vécu et un ressenti propres. Chaque fois que je te raconte certaines choses de ma vie, tu me comprends facilement. Pourquoi ? Parce que toi et moi avons vécu des choses semblables.

Sans hésitation, vas-y. Écris, dis à tes frères et sœurs tout ce que tu as vu et vécu de ce côté-ci du Grand Fleuve.

— Et toi, Pierre, tu es ingénieur-agronome diplômé de l'Université Laval, tu as une maîtrise en environnement de l'Université du Québec à Montréal et une maîtrise en herbologie d'Emerson College.

— J'ai également des études d'horticulture et apiculture à l'Université de Guelph en Ontario.

— Ce n'est pas pour que tu me parles des pesticides ou des herbicides qui ont fait du mal à tes abeilles et dévasté tes ruches, c'est plutôt pour que tu me dises ce que la nature fait de toutes les maladies qu'elle engendre.

— La nature a disposé des plantes pour soigner et guérir toutes les maladies, mais d'après la célèbre herboriste autrichienne Maria Treben, il faut aussi l'aide de la providence.[19]

— Exactement comme la Constitution congolaise qui contient des dispositions susceptibles de résoudre le problème qu'elle a engendré. Il faut compter aussi sur l'aide de Dieu et l'appui des ancêtres.

CHAPITRE 1

UNE DIASPORA CONSCIENTE
ET EXEMPLAIRE

En Afrique, on reconnaît les fleuves importants par leurs affluents.

Le Congo, fier de ses potentiels et de sa suffisance, a érigé des digues pour se priver de bon nombre de ses affluents qui doivent se débrouiller par eux-mêmes pour venir consolider les parois fissurées de la maison mère. Dans cette léthargie, le Congo oublie que tout fait nombre et que les petits ruisseaux font les grandes rivières.

Si vous demandez aux Congolais combien de provinces il y a au Congo. Ils vous répondront tous sans exception : vingt-six. Comment le savent-ils ? C'est la Constitution de la République Démocratique du Congo[20] qui l'a dit et a fixé le nombre des provinces du pays. Le Congo est composé de la ville de Kinshasa, la capitale, et de 25 provinces dotées de la personnalité juridique qu'ils peuvent vous citer sans faute. La Constitution est claire et catégorique sur ce point : vingt-six provinces au total.[21]

Mais pour moi, une province, et pas la moindre, ne fait pas partie du décompte.

— Laquelle est oubliée ? Réponds-moi, André.

— La vingt-septième. La plus grande, Pierre. La Constitution n'y fait même pas allusion. La province qu'habite la diaspora. Elle est la plus grande de toutes. Elle est plus grande que la République Démocratique du Congo elle-même. Elle n'a d'égal que l'Empire britannique d'autrefois. Sur cette province, le soleil ne se couche jamais. Elle se tend de l'hémisphère Nord à l'hémisphère Sud. Elle s'étend sur toute la surface de la Terre. Les Congolais d'origine sont un peu partout dans le monde, même en Australie. Ils ont fait de l'Europe et de l'Amérique leur arrière-cour. L'Asie et l'Océanie n'ont plus de secret pour eux. Ils parlent l'anglais, le français, le mandarin, l'arabe et tant d'autres langues étrangères. Ils pratiquent tous les sports même les sports d'hiver. Aux États-Unis d'Amérique, ils se sont illustrés dans toutes les disciplines sportives, le basketball, le baseball, la boxe et même dans certains sports que leurs frères et sœurs restés au pays ne voient qu'à la télévision, tels que le football américain et l'escrime. En Europe, ils excellent au football anglais. Ils jouent dans les grands championnats.

— Comment expliquer qu'on ne voit pas tous ces sportifs de haut niveau sous la bannière du Congo dans les compétitions internationales ?

— Ils ne peuvent pas tous le faire. La Constitution du Congo les exclut d'office. Ils ont certains acquis des citoyennetés étrangères et d'autres sont des enfants nés dans les pays qui ont le droit de sol comme loi. Parmi eux, il y a des médecins, des savants dans tous les domaines, des ingénieurs, des ouvriers qualifiés, des entrepreneurs économiques, des entrepreneurs sociaux, des ressources humaines, des femmes et des hommes qui ne demandent que d'être reconnus et de servir leur pays d'origine en tant que Congolais d'origine.

L'aveuglement volontaire du constituant empêche le Congo de profiter de la position de la FIFA sur le statut des joueurs binationaux qui peuvent être sélectionnés par leurs pays d'origine.

— Passe-moi la Constitution, je vais voir.

— C'est le chapitre 2, article 10, qui parle de la nationalité :

« La nationalité congolaise est une et exclusive. Elle ne peut être détenue concurremment avec aucune autre.

« La nationalité congolaise est soit d'origine, soit d'acquisition individuelle.

« Est Congolais d'origine, toute personne appartenant aux groupes ethniques dont les personnes et le territoire constituaient ce qui est devenu le Congo (présentement la République démocratique du Congo) à l'indépendance.

« Une loi organique détermine les conditions de reconnaissance, d'acquisition, de perte et de recouvrement de la nationalité congolaise. »

— Ah oui, mon ami Pierre. C'est cette disposition qui constitue la pomme de discorde et qui prive le Congo de certains de ses affluents, au risque de diminuer son débit.

— De quoi parles-tu mon ami ? Je croyais que tu parlais du fleuve Congo lorsque tu parlais de digues érigées pour l'empêcher de recevoir des eaux de ses affluents qui lui permettent d'irriguer la deuxième plus grande forêt tropicale humide du monde. En aucun cas, je ne me serai douté que tu parlais de la diaspora.

Cela signifie que le Congo se paye le luxe d'exclure les Congolais d'origine qui vivent à l'extérieur du pays à qui il reproche d'avoir acquis une autre nationalité ?

Pour moi, ce n'est pas juste. Il faut faire quelque chose vite, maintenant, car demain, il sera trop tard.

Est-il possible de réparer ce tort fait à la République sans procéder à la modification de la Constitution ? Je crois que oui, sinon tu n'aurais pas entrepris l'écriture de cette réflexion si tu partageais l'avis d'éminents cerveaux qui pensent aux parallélismes de forme.

Il est beaucoup facile d'exclure des gens et remettre l'inclusion à demain. Celui que tu exclus aujourd'hui en argumentant intelligemment est peut-être celui qui te tiendra l'épaule avec noblesse demain.

— À propos, un proverbe africain dit : « Que celui qui n'a pas traversé ne se moque pas de celui qui s'est noyé.»

Au bout de plus d'un quart de siècle d'exil, j'ai vu un bon nombre de ceux qui s'opposent à ce que les enfants de la diaspora disposent de leurs droits au pays venir s'ajouter dans l'enclos. Ironie du sort, ils invoquent les mêmes motifs qui ne faisaient pas leur affaire hier.

— Je n'arrive toujours pas à comprendre pourquoi le Congo ne veut pas de ses enfants. Pourtant, les Congolais que je rencontre ici, je crois pareil dans d'autres pays, sont gentils et travailleurs.

La diaspora congolaise est une diaspora solidaire, consciente et exemplaire. Elle est solidaire envers non seulement les Congolais d'origine des lieux où elle s'établit, mais aussi de ceux restés au pays. Les moments de jouissance, les naissances, les anniversaires, les mariages, les baptêmes et les remises de diplômes ainsi que les moments de peine, les maladies et les décès sont des occasions de manifestations de la solidarité fraternelle dans la communauté.

J'ai vécu personnellement la solidarité agissante de la communauté lorsque j'ai perdu mon fils, un adolescent de 15 ans. Le funérarium et le cimetière étaient inondés du monde. Même après plusieurs années, je me souviens toujours de la marque de sympathie et de solidarité que ma famille et moi avons été témoins de la part des nôtres. La solidarité des Congolais de la diaspora est une réalité.

Les Congolais d'origine vivant dans d'autres pays sont conscients de leur importance et du rôle qu'ils ne cessent de jouer pour le développement de leur pays d'origine. Ils contribuent efficacement aux services sociaux du pays. Sans leur apport, d'après bon nombre d'experts économiques et financiers, les problèmes sociaux et les difficultés seraient pires et catastrophiques au Congo. Nombreuses sont des familles congolaises qui dépendent de l'aide de la diaspora pour vivre, payer les frais médicaux et envoyer leurs enfants à l'école.

Mais qu'a fait l'État congolais pour motiver la diaspora à aider le pays ? À ces jours, pas grand-chose. Aucune mesure incitative significative pour intégrer les Congolais de la diaspora dans les stratégies de développement du pays. Pas même une simple reconnaissance qu'ils sont des Congolais d'origine.

Malgré ce manque de reconnaissance et le bannissement que la Constitution congolaise lui inflige, la diaspora consciente agit et participe au développement et au bien-être des frères et sœurs du pays d'origine.

Ce bannissement constitutionnel, je le vis comme une sorte d'ostracisme qui ne dit pas son nom, une véritable souffrance. Ça aurait été une décision de justice que j'aurais sans doute fait appel ou un pourvoi en cassation. Mais c'est une disposition de la Constitution qui m'a mis à l'écart de la société. Je ne suis plus le frère de mes sœurs et frères. Je ne fais plus partie de la fratrie. *Dura lex sed lex*. La loi est dure, mais c'est la loi. Il s'agit d'une injustice que seul le courage politique peut réparer.

La diaspora congolaise est une diaspora exemplaire. Elle est inexistante des radars de l'Interpol et des services de police qui traquent le grand banditisme et les bandes criminelles.

Comme toutes les diasporas du monde, la diaspora congolaise est un reflet du pays d'origine qu'elle a reproduit dans les pays d'accueil. Les Congolais de la diaspora ont amené dans leurs bagages toute la société congolaise qu'ils ont déballée sans tri.

Il suffit de se promener dans les métros de Paris, Bruxelles, Londres, New York ou Montréal, pour voir les Congolais s'interpeler à voix haute et parler en lingala comme s'ils étaient à Kinshasa. Et leurs enfants pourtant venus au monde loin de leur mère patrie le Congo font de même.

Le Congo est inscrit dans leur ADN. À leurs fêtes, ils ne jouent que la musique congolaise et les chansons traditionnelles de leurs cultures. Même dans les funérailles, ils pleurent les leurs en leurs langues et en leurs dialectes.

Les mariages ! Parlons-en un peu. On dirait qu'ils se sont passé une consigne de ne se marier qu'entre Congolaises et Congolais. « Biso na biso », disent-ils : *entre nous et nous.*

Ils envoient leurs enfants à l'école. Ils tiennent à ce qu'ils deviennent des ingénieurs, des médecins, des avocats, des docteurs dans toutes les sciences, des ouvriers qualifiés ou des entrepreneurs. Être des citoyens modèles, c'est leur leitmotiv. Ils travaillent dur et envoient de l'argent à leurs frères et sœurs restés au pays. Ils sont actifs. Ils font tous les boulots qui se présentent à eux. Ils vendent à la sauvette dans certaines villes. Ils tiennent des commerces. Ils sont dans tous les métiers lucratifs. Ils aiment s'amuser, s'habiller et paraître chics, bien sapés, ce qu'ils appellent la sape, la « sapologie ».

Dans tous les bagages que transporte la diaspora congolaise, il y a toutes les forces de l'exilé, toutes les énergies du naufragé, toutes les valeurs de ses ancêtres, toute la rage de survivre et la volonté de rester en vie et attendre le grand retour. Il y a aussi des tares et des faiblesses : le tribalisme, la jalousie et les envies.

La diaspora congolaise est le microcosme de la société congolaise. Elle n'a pas donné au monde ce qu'elle n'a pas au Congo dont elle est l'ambassadrice. Les autres diasporas ont reproduit leurs cultures dans les pays d'accueil. Les Français ont amené en Amérique et en Asie la *French Connexion*, un réseau impliqué dans le trafic d'héroïne. La *Camorra*, une organisation mafieuse italienne, a réussi à s'installer en Amérique jusqu'à devenir une institution, la mafia américaine. Le Yakuza, un groupe criminel organisé japonais, fait partie de culture du Japon, il a tendu ses tentacules partout où vivent les Japonais, Zone Pacifique, Allemagne et États-Unis d'Amérique. Les Triades chinoises sont l'ombre de la Chine. Elles font partie de la culture chinoise.

— À t'entendre parler, on dirait que les Congolais sont des enfants de chœur.

— Ce n'est pas moi qui le dis. Ce sont des rapports des polices et même de l'Interpol. Les Congolais de la diaspora ne sont pas impliqués dans les grandes criminalités et n'ont pas constitué des groupes criminels.

— Mais ceux qui ont saccagé des commerces et brulé des véhicules à Paris pour empêcher la tenue d'un concert d'un musicien du Congo ne sont-ils pas de la diaspora ?

— C'est ce que j'essaie de dire. Un enfant qui pleure la nuit empêche sa mère de dormir.

— C'est encore un proverbe du Kasaï ?

— « Mwana alala, nyinandi wakukengesha nshandi », un proverbe des Nyambi au Kasaï : *Que l'enfant dorme pour que la mère arrête de chercher noise à son père*, c'est à peu près ça que le proverbe dit. Au Congo, les gens manifestent, font des marches de prostration et organisent des journées ville-morte. C'est constitutionnel. C'est ce comportement qu'ils reproduisent en Occident. Quand il y a dérapage, la police intervient. Les manifestations du mouvement des *Gilets jaunes* en France ne sont pas criminalisées.

L'enfant pleure parfois pour attirer l'attention de sa mère. Les parents doivent faire attention et décoder tout ça. Le Congo doit discerner le message des manifestants et des combattants. Il ne faut pas d'emblée les diaboliser. Un proverbe luba dit : « Kosesha nkutshi muadi, Muadi wa nkutshi kaulu kukulambakena » : *Console la caille qui pleure de peur que ses pleurs ne viennent te hanter.*[22]

Faut-il juger la diaspora à partir des manifestations et des agitations des Congolais qui s'expriment à Bruxelles ou à Paris ? Les pays d'accueil ont des lois et des règlements. Les Français de l'étranger sont de braves citoyens de la France. Ils siègent même au Parlement français. Doit-on les juger à partir de la *French Connexion* ? Il en est de même des Italiens vivant aux États-Unis d'Amérique qu'il ne faut pas assimiler à la mafia. Il en est de même de la diaspora chinoise avec les triades et le yakusa pour les Japonais de l'étranger. Les diasporas asiatiques bâtissent leurs pays d'origine et leurs gouvernements les aident et les incitent à le faire.

Il y a des banques asiatiques, chinoises, japonaises, coréennes, indiennes et autres singapouriennes en Amérique, en Europe, en Australie et même en Afrique qui aident entre autres leurs ressortissants à faire des affaires. Depuis que la Banque de Kinshasa d'Augustin Dokolo avait tenté sans succès d'ouvrir des succursales à Bruxelles, Paris et New York, combien d'initiatives du genre ont été enregistrées pour inciter les Congolais de l'étranger à pénétrer le monde des finances en occident ?

Quand la Banque Mondiale qui connaît les vrais montants des transferts d'argent que la diaspora congolaise envoie au Congo observe le comportement que le Congo réserve à sa diaspora, elle doit se demander si le Congo est conscient d'avoir une diaspora responsable et soucieuse du bien-être des Congolais.

Le Maréchal Président Mobutu Sese Seko, à qui l'on peut tout reprocher sauf le verbe facile, avait dit aux médecins qui menaçaient de faire la grève, je paraphrase : « Vous voulez cesser le travail, faites-le, ce sont vos parents que vous allez sacrifier. M'avez-vous déjà vu dans vos cabinets ou un membre de ma famille ? » L'inconscience du Congo à l'égard de sa diaspora est à inscrire dans ce registre. Les politiciens congolais estiment que la diaspora envoie de l'argent aux membres de famille, eux et leurs enfants peuvent s'en passer. Moins elle enverra de l'argent, mieux ça fera leur affaire, une population appauvrie ne pense pas à se révolter.

Les législations congolaises, à commencer par la loi suprême, s'acharnent sur la diaspora qui doit être écartée de la cité. Elles se sont inspirées depuis la nuit de temps de la conception impériale de la gestion de la chose royale (du Royaume de Belgique) dont l'esprit est différent de celle d'une république. Elles sont exclusives et pénalisantes.

Les Congolais d'origine se retrouvent ainsi exclus de la chose publique dès lors qu'ils ont acquis une nationalité étrangère et sont punis de la privation de leur nationalité d'origine.

Ce sont des lois qui ne sécurisent personne.

— Personne ?

— Personne, je te le dis. Pas même la toute puissante Église Catholique, les associations et les sociétés commerciales qui doivent se contenter des droits limités dans le temps et des simples expectatives.

— Est-ce qu'elles le savent ?

— Je ne pense pas, car si elles le savaient, il y a longtemps qu'elles auraient soutenu la diaspora dans sa quête de la sécurité juridique. Je prie pour que l'Église le sache, ainsi les croyants peuvent continuer à communier en toute bonne foi.

— J'ai écouté, un jour, un politicien congolais stigmatiser la diaspora qui avait accompagné Mzee Laurent-Désiré Kabila, qui avait mis la main basse sur des biens mal acquis des dignitaires du régime de Mobutu, et un autre, traiter la diaspora de la « diasapourie ». Je ne sais pas ce que ce mot veut dire, mais de ce que j'ai cru comprendre la diaspora a pas bonne presse.

— Toute diaspora reflète sa société d'origine. Au Congo, on dit : « Soso pembe azangaka na mboka te » : *dans un village, il ne peut y manquer une poule blanche.* Il n'est pas juste de condamner toute une communauté de plus 5.000.000 d'êtres humains à partir du comportement marginal de quelques-uns de ses membres.

— À propos de l'argent que la diaspora envoie au Congo, les érudits congolais sur les médias sociaux disent que cela ne vaut pas la peine d'en parler, qu'il n'y a pas des projets structurés comme les diasporas des autres pays et que de toutes les façons c'est de l'argent envoyé à la parenté. ***Pourtant, à entendre le Président de la République, la diaspora est une valeur ajoutée dans les stratégies de lutte contre la pauvreté et pour le bien-être collectif.***

— Les diasporas des autres pays ne butent pas contre les mêmes problèmes légaux et juridiques que la diaspora des Congolais victimes de la déchéance de leur nationalité d'origine.

« Kulengela matunga, kakwikadi kwenu » : *la vie est toujours merveilleuse ailleurs,* dit un proverbe de chez nous. Où est-ce chez nous ? Joliette ou Biakabomba ? Québec ou Tshikapa ? Canada ou Congo. Je ne sais même plus ce que le mot ailleurs veut dire. Quand je suis parti du Congo, Kananga était le chef-lieu de ma province, le

Kasaï Occidental. En lisant la Constitution, je me suis rendu compte que le Kasaï Occidental a été scindé en deux provinces : Kasaï Central et Kasaï tout court. Un retour aux « provincettes » décriées d'autrefois ! Soit ! Comme je suis originaire de Tshikapa, je fais partie de la province du Kasaï d'après mes ancêtres, et originaire de nulle part d'après la Constitution. Pour ainsi dire : il n'est jamais trop tard pour bien faire.

— Les Québécois disent : « Il faut voyager loin et s'apercevoir qu'on était bien là où l'on vivait avant. » Au fait, ça fait longtemps que tu étais là ?

— Oui. Plus d'une heure d'horloge. Tu étais au téléphone et je n'ai pas voulu te déranger.

— C'était Guy.

— Ne me dis pas que c'était ton petit frère de l'Espace Mushagalusa de Montréal, le vendeur des masques Pende et Baoulé ? J'ai hésité d'acheter la statuette Luba de fertilité qu'il proposait à pas très cher.

— Mon petit frère est un expert d'art africain mondialement connu. Il tient une Gallérie d'art africain et bientôt ça sera un musée.

— Pour moi, c'est du pareil au même. Pour moi, vous êtes tous les deux des marchands de souvenirs, lui, dans sa gallérie, et toi dans tes livres. Je n'ai pas voulu intervenir dans votre conversation parce que vous vous mentez à vous-mêmes sans arrêt. Vous prétendez être au Canada depuis plus d'un quart de siècle, et pourtant, vous n'êtes jamais partis du Congo, vous n'avez jamais défait vos bagages depuis que vous êtes au Québec. Que mangez-vous ? De la pâte de farine de maïs et de manioc que vous appelez « foufou » et des feuilles de manioc, pondou, matamba, sakasaka. Quand vous achetez des aliments d'ici, vous les apprêtez à la congolaise. Vous n'écoutez que de la musique zaïroise. Sais-tu que tu m'as « congolisé » ?

— Vraiment ?

— Ah oui. Le Congo est mon « 11 Septembre 2001 ». Ça ne demande pas d'être Américain ou New-Yorkais pour savoir ce qui s'est passé ce jour-là à New York ou ce que c'est le World Trade Center. Je ne suis plus que des nouvelles du Congo sur mon portable. Que tu dois t'ennuyer de ton pays ! Le Congo est un beau pays. Est-ce vrai l'histoire de ton frangin ? Ses enfants …

— Les enfants de mon frangin ne sont ni Congolais, parce que lui le père vient du Congo, ni Camerounais, du fait que leur mère est d'origine camerounaise.

— Mais le Cameroun tolère la double nationalité ?

— Pour jouer dans l'équipe nationale de soccer, les Lions indomptables, seulement.

— Tu vois ? D'habitude, je ne me fais pas prier pour intervenir dans tes conversations quand tu parles au savant qui a écrit *La Couleur des gènes ou la perversion de la génétique.*

— Docteur Majambu Mbikay.[23] Il est professeur de biochimie et de biologie moléculaire à l'université d'Ottawa, chercheur biomédical à l'Institut de recherches de l'Hôpital d'Ottawa, et à l'Institut de recherches cliniques de Montréal.

— Tout un savant. Lui aussi n'est plus Congolais ? N'est-il pas né en République Démocratique du Congo ? Et ton frère de Longueuil, le PhD en éducation qui a écrit un livre sur l'éducation au Congo-Kinshasa ? Lui aussi n'est plus Congolais ?[24]

— Ndia-Bintu Kayembe ? Lui aussi n'est plus Congolais, pas même ses enfants. Toujours à Longueuil, tu as un autre docteur Rémi Mulenga-Wa Biakabutuka, PhD.

— Celui qui a eu une idée géniale d'écrire un dictionnaire des noms de sa langue maternelle ?[25]

— Oui. Le Canada compte beaucoup de Canadiens d'origine congolaise qui ont de l'expertise et de l'expérience qui ne demandent que de contribuer au développement du pays de leurs ancêtres, des docteurs, des médecins, des chercheurs, des avocats, de la main-d'œuvre qualifiée, des entrepreneurs, des professeurs, des professionnels, des sportifs. Tout ce dont le Congo a besoin. Sur certains des ex-Congolais, le Congo a investi beaucoup d'argent et d'efforts pour leur éducation, et le

Congo passe le tout au compte de pertes comme dans les états financiers d'entreprise, et ce, à cause d'une disposition de la Constitution.

— C'est une histoire de fous. Ça n'a pas d'allure du tout. Je te prie d'oublier le Congo. Malgré tout ce que tu as enduré, tu y tiens toujours ?

— « Kwetu kundela, nansha bakwamba nzala» : *Rien ne peut me détourner de mon pays natal, pas même la disette.*

— Tu as été victime de la politique de quotas dans l'Université Nationale du Zaïre.

— C'était un mixage du profilage tribal et de la discrimination positive. J'étais un diplômé de Kinshasa, mais ressortissant d'une région qui avait atteint son quota et en plus je portais un nom et un post-nom faciles à localiser.

— Tu as été victime de la politique de démonétisation.

— Oui, je venais de changer en zaïre-monnaie plusieurs millions de francs CFA que j'avais économisés au Gabon. Les billets de banque que j'avais n'avaient plus cours légal en République du Zaïre.

— Par trois fois, tu as failli perdre ta vie.

— Ce qui arrive lorsque tu es avocat dans des dossiers sensibles. Ce qui m'a poussé à me résoudre à quitter le Zaïre et atterrir à Mirabel.

— Tu as connu les cachots des services des renseignements.

— J'étais au mauvais endroit au mauvais moment. Un juste petit malentendu.

— Un malentendu, tu dis. Tu as été rapatrié de Kinshasa par l'Ambassade américaine.

— Je n'étais pas seul, il y avait aussi d'autres ressortissants canadiens.

— À cause des mesures sanitaires dues à la pandémie de COVID-12, tu as été évacué de Kinshasa de manière expéditive par le Canada.

— Je venais de lancer, à Kinshasa, les travaux des États généraux de l'amélanisme[26] en Afrique quand le gouvernement canadien a organisé le dernier vol nolisé pour ramener ses ressortissants au Canada avant la fermeture des frontières à cause de la COVID-12. Mais où veux-tu en venir avec ce rappel de mes faits glorieux ?

— Moi, à ta place, il y a longtemps que j'aurais mis une croix sur le Congo. Pourquoi vous, les Congolais, ne faites-vous pas comme les Grecs, les Italiens et même les Chinois? Ils ont quitté l'Acropole d'Athènes, le Colisée de

Rome, le palais impérial de Pékin. Ils y retournent en touristes. Bien sûr, ils ont gardé le souvlaki, le spaghetti et le riz cantonais.

— « Kwabende nkulu kwa mutshi » : *Le pays d'accueil est comme une branche d'arbre*. Nos ancêtres nous prescrivent de ne pas nous y éterniser.

— Mais ta fille qui est médecin peut aller travailler au Congo ?

— Je ne pense pas. Si elle était Congolaise, oui. Seuls les médecins spécialistes étrangers peuvent exercer au Congo, et ce, à titre conditionnel.

— En fin de compte, c'est le Congo qui perd. Personnellement, je trouve que tu es beaucoup impliqué dans ce dossier de la diaspora. Il faut faire appel à une personne tierce.

— On n'apprend pas à une mère ce que sont les douleurs d'enfantement. Je vais expliquer moi-même ma vie d'étranger sur la terre de mes ancêtres, ostracisé à vie.

— Dans ce cas, dis-le toi-même ! Ne perds jamais de vue que c'est au Président que revient la décision dans ce dossier de double nationalité. Il doit agir dans l'intérêt général. Je vais te conter une petite histoire. J'ai bien aimé ça. On avait demandé un jour à un joueur de football américain de haut niveau son opinion et ce que devait faire selon lui le président des États-Unis sur un sujet précis. Le joueur avait répondu que son mandat était de faire gagner son équipe et que la mission du Président était de diriger le pays dans l'intérêt général et de veiller au bien-être de ses concitoyens. À chacun, son rôle. Dis ce que tu vis en tant que membre de la diaspora.

— « Bushala bwamba, nansha bulwe kufwa bantu » : *Que ça reste dit, même si le prix à payer c'est la vie des gens*. Sais-tu pourquoi les Grecs et les Italiens ne s'ennuient pas de leurs pays? Parce qu'ils n'ont pas d'interdiction d'y retourner. Ce qui est interdit attire le désir et fait rêver. Un proverbe libyen dit que ce qui est voilé est attirant; ce qui est interdit est excitant.

— Là, on dirait qu'on ne parle plus du même interdit.

— L'amour du pays d'origine d'un Congolais de la diaspora est plus que l'amour charnel. Il s'agit de l'affection réelle, effective, d'un profond sentiment d'attachement semblable à l'amour qu'une mère a ou ressent pour son enfant. Autant une mère se jetterait pour arracher son enfant des griffes d'un lion, autant la diaspora congolaise se sent attirée par ses frères et sœurs et le Congo qu'elle n'a jamais dans son cœur quitté. Loin des yeux près du cœur. C'est là, dans le cœur, que le Congo a élu domicile depuis que mon cordon ombilical a été coupé.

— Je suis d'accord avec toi. Ce que vit la diaspora congolaise est épouvantable et inimaginable. Je ne savais pas que ce problème de nationalité exclusive te chagrinait autant. Un proverbe français dit : « les rivières retournent à la mer. » On raconte que les saumons retournent vers leur lieu de naissance pour se reproduire.

— Les saumons remontent le fleuve qui les a vus naître pour se reproduire. Les Congolais de l'extérieur se battent pour se faire reconnaître leur droit de cité. Te souviens-tu du documentaire que nous avons suivi dans lequel les ours attendent les saumons au passage? Les saumons bravaient les obstacles. Certains se faisaient dévorer et d'autres réussissaient à passer.

« Kwetu kundela, nansha bakwamba nzala» : *Rien ne peut me détourner de mon pays natal, pas même la disette.*

— André ! Sais-tu quoi ? Tu es un véritable nostalgique. Moi j'ai toujours été fasciné par la dichotomie de la prétendue mission salvatrice et civilisatrice de la colonisation européenne en Afrique Noire que je lisais jeune à l'école. D'un côté l'humaniste, Dr Albert Schweitzer, luttant pour que les Africains, en proie à la lèpre, ne perdent pas leurs mains, à Lambaréné. De l'autre, le roi des Belges Léopold II qui pratiquait le politique mercantiliste du caoutchouc qu'il a transmis à ses sujets. Il punissait d'amputations des mains de pauvres paysans congolais qui n'atteignaient pas les quotas, et même les enfants. Et au milieu, le curé du village, Bible à la main, justifiant les actes de l'un et les faits de l'autre. C'était le prix à payer pour inonder l'Europe et le reste du monde *de l'or blanc*, le caoutchouc du sang.

— Hélas ! Cher ami, comme un membre fantôme, le grand docteur Albert Schweitzer disparu sans descendant ni adepte, mais le roi Léopold II, lui, fut une véritable poupée russe, ses matriochkas d'aujourd'hui sont plus perfides et plus habiles que celles d'autrefois. Les Congolais sont convaincus qu'un Léopold II en cache toujours un autre. L'église, quant à elle, a cessé d'être au milieu du village, les descendants du curé s'en sont approprié et l'ont installée carrément aux domiciles des croyants.

Oui, tu as raison, Pierre. Je suis un nostalgique, nostalgique de l'époque où les Congolais étaient tous frères et sœurs, quand les traditions et les coutumes étaient la loi de la cité. Il n'y avait pas de Constitution écrite. Tout le monde savait ce qui était bon et ce qui ne l'était pas. La seule Constitution qui existe réellement au Congo n'est pas une Constitution écrite. Oui, une Constitution dont tout le monde ne connaît qu'un seul article, article 15 : « débrouillez-vous. » C'est elle qui fait vivre le Congo. Et c'est le génie congolais, imaginatif et inventif. Ce problème de double nationalité, le Congolais finira par le résoudre avec cette Constitution écrite qui a nié le droit de cité aux Congolais d'origine.

— Bonne chance, mon ami. Lâche pas.

CHAPITRE 2

UNE DIASPORA EN INSÉCURITÉ JURIDIQUE MAXIMALE

L'insécurité juridique a toujours fait fuir du Congo tout investisseur étranger, mais pas la diaspora congolaise.

Un homme politique congolais, Léon Kengo wa Dondo, disait qu'un investisseur étranger est un gibier peureux qui doit être sécurisé. C'est vrai. Mais tout le monde est en droit de se demander si l'ancien Premier ministre avait une fois pensé à la diaspora congolaise quand il parlait de l'investisseur étranger. La diaspora congolaise a toujours contribué substantiellement au développement social et économique du Congo. Elle est pourtant constituée en majorité des Congolais étrangers que les politiciens congolais ont ostracisés constitutionnellement et bannis du pays de leurs ancêtres, et qui ne peuvent y revenir qu'à titre conditionnel.

Être traité d'étranger par ses propres frères et sœurs, ses amis et connaissances, sur la terre de ses ancêtres est une chose la plus pénible que je ne souhaite à personne. Je l'ai expérimenté. Toute une coupe de vinaigre impossible à avaler.

Un jour, un ami que tout le monde prenait pour mon frère, ce qui fait que tout ce qu'il pouvait dire sur moi ne pouvait qu'être considéré comme vrai, m'avait exposé en tant qu'étranger, et ce, en présence du chef de l'exécutif provincial de la Ville de Kinshasa dont la réaction m'avait agréablement surpris.

— Tout le monde sait, mais où veux-tu en venir ? lui avait demandé le chef de l'exécutif provincial.

— Je voulais que vous le sachiez, c'est tout.

— N'est-ce pas lui qui t'a aidé pour le dossier de ton fils au Canada ?

— Non, Excellence, répondit mon ami. C'est ce que tout le monde croit.

Cet incident m'avait beaucoup déstabilisé. J'étais émotionnellement secoué. Pourquoi a-t-il agi ainsi ? Il avait certes ses raisons, mais il n'avait jamais réalisé toutes les conséquences d'être perçu comme étranger dans son propre pays de ses ancêtres même par des proches. Un seul bout de papier appelé passeport m'a ostracisé. Et pourtant, c'est ce passeport canadien qui m'avait permis de l'aider.

Un petit rappel des faits permet à comprendre mon désarroi. Quelques années avant l'incident, j'étais parti en Côte d'Ivoire, à Abidjan, intervenir pour l'obtention du visa d'études pour son fils qui attendait là depuis plus d'un mois.

À l'Ambassade du Canada, profitant d'un dossier d'une dame en pleurs, je suis intervenu avec force et énergie auprès d'un monsieur que le préposé à la sécurité venait de saluer avec révérence.

— Excellence monsieur l'Ambassadeur. Le service consulaire de notre ambassade risque de créer un incident diplomatique qui peut être évité avec le Gabon. La dame qui essuie les lames ici est la secrétaire particulière du ministre des Affaires étrangères du Gabon. Son patron en séjour de travail ici à Abidjan est sommé par le Président Omar Bongo de le précéder au Canada, à Moncton, où doit se tenir le sommet de la francophonie.

— Où est le problème ?

— L'agent de service consulaire exige la note verbale pour recevoir le dossier du ministre. Le dernier vol qui quitte Abidjan pour être au Canada avant l'arrivée du Président Bongo est ce soir. Le ministre ne peut pas se délivrer la note verbale à partir de son hôtel. Il ne peut pas retourner à Libreville pour une note verbale.

— Êtes-vous avocat du Gabon ?

— J'ai oublié de me présenter. Me André Mbombo Ntumba, avocat canadien. Je suis ici pour la demande du visa de mon neveu qui doit se présenter lundi à l'Université de Montréal pour valider son inscription. Le document qui manquait, le Certificat de sélection du Québec a été obtenu en référé et transmis directement à l'ambassade aujourd'hui.

— Madame ! Avez-vous le dossier de demande de visa de Monsieur le Ministre ? Et vous, Maître, remettez-moi le reçu de paiement des frais acquitté par votre neveu. Asseyez-vous, je vous prie.

Après plus d'une bonne heure d'horloge, Son Excellence monsieur l'Ambassadeur est venu nous remettre les visas.

— Madame ! Je vous remets vos passeports avec visas. Saluez monsieur le ministre de ma part. Vous monsieur l'étudiant, remerciez votre oncle. Il est perspicace.

— Merci, Son Excellence monsieur l'Ambassadeur, me suis-je empressé de réagir en recevant le sésame qui ouvrit les portes du Canada à mon neveu.

Monsieur l'Ambassadeur prit congé de nous devant un regard médusé de tous les demandeurs de visa présents dans la salle d'attente. « Des veinards ! Ils ont eu des visas en un jour. Ça fait un bail que nous attendons en vain », devaient se dire tous les autres demandeurs de visa.

J'ai obtenu toutes ces faveurs à cause de mon passeport canadien décrié.

— Tu as dit à l'Ambassadeur que tu t'appelles Ntoumba ? C'est un nom gabonais. « Udi Mupunu ? » *Es-tu Punu ?*

— Non, madame. Je suis citoyen canadien d'origine congolaise. République Démocratique du Congo. Je suis Nyambi, originaire de Tshikapa. Je sais que les Bapunu et les Bakwa Nyambi, c'est mon ethnie, nous avons des coutumes, des rites et des traditions similaires. Un ami Punu à Libreville m'avait parlé de Tatu Niambi que son ethnie vénère et du mythe d'Ibobolu. Chez les Bapunu, Nyambi trône dans le panthéon de leurs divinités. Chez nous, Nyambi est notre ancêtre qui nous a donné le nom que nous sommes fiers de porter.

— Peux-tu venir avec moi ? Je dois te présenter à mon patron.

— Non, madame. Je dois retourner à l'hôtel et accompagner mon neveu à l'aéroport. Il ne doit pas rater son vol. Son Excellence Jean Ping me connaît. Dites-lui : Me Mbombo Ntumba Mwana, avocat zaïrois. Il va se souvenir de moi à coup sûr. N'oubliez pas : avocat zaïrois. Sinon il va croire que votre serviteur du jour est un Camerounais de la famille du Sultan Ibrahim Mbombo Njoya, roi des Bamouns.

— Je sais que tu diras toujours non même si j'insiste. Merci. Viens au Gabon quand tu pourras. Son Excellence est une bonne personne.

— C'est noté.

Que j'étais heureux ! Mon passeport canadien avait permis d'éviter un incident diplomatique. Pour ainsi dire : qui peut le plus peut le moins, j'avais résolu le problème de visa de mon neveu. Tout ça grâce à ma citoyenneté canadienne.

Toute une victoire pour moi qui n'avait pas la même saveur pour le véritable bénéficiaire.

Sur le chemin de retour à l'hôtel, comme on dit, c'est de la profondeur de l'âme que la bouche parle, le détenteur du visa lâcha une phrase, je l'ai reçue comme une bombe, un véritable coup de massue. Hiroshima devant ça n'est qu'un pétard :

— Maître Mbombo, je ne savais pas que vous étiez Canadien. Même pour tout l'or du monde moi je ne changerai jamais de nationalité.

— Moi, j'ai pris une nationalité étrangère pour rester en vie, mais toi tu changeras pour moins que ça. Si tu savais que j'étais Canadien, aurais-tu refusé que j'aille au Canada à l'Université de Montréal en personne porter ton dossier et payer les frais d'inscription ? Tu as un Certificat de sélection du Québec en référé et ton visa. Ne me fais pas regretter d'être intervenu à l'ambassade. Tu me reproches d'être en vie ? Sais-tu ce qui m'a poussé à quitter le Congo ?

— Je m'excuse si je vous ai vexé. Moi j'aime être franc. Un bon chrétien doit dire la vérité.

— Tu sais quoi ? Je vais faire comme si je n'avais rien entendu. Un chrétien ! Tu crois que Pierre était moins disciple de Jésus quand il avait nié trois fois ? Quand j'arrive au Canada dans deux semaines, je vais solliciter une bourse d'exception pour toi. L'ambassadeur du Congo à Ottawa est une très bonne connaissance à moi. Après le premier cycle, tu devras payer comme étudiant étranger.

— Moi je vais pousser jusqu'au doctorat.

Aujourd'hui, je suis content de n'avoir pas eu tort. Le monsieur a fondé une heureuse famille canadienne. Chaque Congolais d'origine qui a acquis une nationalité étrangère a ses raisons. Il faut s'empêcher de juger.

Le Congolais étranger de la diaspora enregistre des effets de l'unicité et de l'exclusivité de la nationalité congolaise ainsi que les dévastations de cette mesure dégradante sur sa personne. Il est déchu de son identité d'origine. Il n'est plus un être humain intégral.

Physiquement et civilement, il peut se prévaloir de l'identification à son pays d'accueil. Mais spirituellement, l'ostracisme dont il est victime l'empêche de se connecter à ses ancêtres. Il ne peut plus invoquer ses ancêtres dans ses prières.

L'ostracisme est une sanction grave. Le Congolais d'origine n'est plus Congolais du fait de la loi : la perte de l'identité. Il est mis à part, séparé de ses frères et sœurs du pays. Il doit remplir des conditions pour revenir au Congo. Il n'a plus les mêmes droits et privilèges que les autres Congolais. Il doit exhiber une pièce d'identité pour franchir les frontières comme à l'époque de l'apartheid en Afrique du Sud, et ce, dans le pays de ses ancêtres.

Étant devenu étranger dans son propre pays, le Congolais d'origine ne sait pas à quoi s'en tenir. Il est en insécurité totale. En affaires, la prudence est de mise. Il n'est pas à l'abri des mesures des nationalisations comme celles connues à l'époque de la seconde république avec la zaïrianisation des biens et sociétés des étrangers.

Logiquement, un Congolais étranger de la diaspora doit réfléchir à deux fois avant d'acquérir une propriété ou construire un immeuble au Congo, car il ne peut jouir indéfiniment de son bien. La loi est claire. La concession perpétuelle est un droit que l'État congolais reconnaît à une personne physique de nationalité congolaise de jouir indéfiniment de son bien. Le concessionnaire perpétuel a le droit de construire, de planter, de disposer des constructions, le droit de chasse et de pêche sur sa propriété. Il peut extraire de son fonds des pierres, de l'argile et d'autres matières semblables. C'est écrit noir sur blanc dans le code foncier.

Peut-il extraire des diamants ? Ne sont-ils pas des pierres ? Non, non. Là, le code minier intervient. Il a une primauté sur les lois foncières. Certains villages se sont retrouvés dans la précarité totale, privés de l'usage des cours d'eau et des champs indispensables pour la vie humaine.

Un pays à vocation minière, dit-on, qui se soucie plus des ressources minières que des ressources humaines. Un pays qui ne se soucie pas de la réintégration de ses enfants dont la seule faute qui leur est reprochée est d'être en vie.

La concession perpétuelle est un droit. Un droit qui est reconnu à une personne physique de nationalité congolaise. Personne physique. Pas personne morale. Une église est-elle une personne physique ? Voici au moins un point sur lequel nos frères et sœurs en Christ et autres et nous sommes logés à la même enseigne.

La concession perpétuelle, un genre d'esprit de loi sorti tout droit de la conception impériale que le monarque se fait du droit de propriété qui privilégie ses sujets, les Belges, pour qu'ils n'envient pas leurs voisins binationaux. Seuls les citoyens ont ce droit de jouissance illimitée dans le temps, perpétuel et indéfini, du fonds acquis.

On dirait que le Congo a taillé ses lois sur mesure pour punir les Congolais qui sont partis ailleurs. Ils sont absents. Ils ont tort. Ils n'ont personne pour prendre leur défense. Ce sont des lois faites pour protéger les Congolais de l'intérieur.

— Mon cher André, crois-moi, le Congo n'est pas le seul pays au monde à avoir pris des lois protectionnistes.

— Enfin, tu es là, Pierre. Je me demandais où tu étais passé.

— Le protectionnisme ! Je peux t'en parler en long et en large. C'est de la folie un peu partout. En Europe, les pays érigent des barrières frontalières, des clôtures métalliques et demandent à l'Union européenne d'autoriser la construction des murs. En Amérique, les États-Unis ont construit un mur et installé des gardes à leurs frontières. Heureusement, nous, au Canada, nous avons des frontières naturelles, les océans, le nord difficile d'accès et le sud bordé par les États-Unis d'Amérique.

Au Canada, nous avons des lois qui empêchent les professionnels des autres pays de venir travailler. Il y a des emplois qui ne sont offerts qu'aux Canadiens. Si tu es étranger, tu dois avoir une compétence hors pair. Les travailleurs saisonniers d'Amérique latine sont autorisés pour combler la pénurie de la main-d'œuvre agricole. Je peux te citer tout un tas de lois, mais je ne suis pas spécialiste.

À mon avis, tes Congolais de la diaspora devaient se taire, un point un trait. Ils savaient à quoi s'en tenir quand ils acquéraient les nationalités étrangères. C'est la règle de jeu depuis 1960, elle est la même, inchangée, intacte, sans égratignure ni ride.

— Tu as raison, Pierre. C'était un prix à payer pour rester en vie.

— Mais je n'ai pas tort. La loi est demeurée immuable. Le Congolais qui acquiert une nationalité étrangère perd sa nationalité d'origine.

— Je vais te raconter l'histoire de certains Congolais d'origine que tu as rencontrés à Montréal en ma compagnie. Ils font partie des étudiants boursiers que le Congo, à l'époque Zaïre, envoyait dans les années 1970 et 1980, poursuivre des études universitaires et postuniversitaires à l'étranger. D'un jour au lendemain, alléguant la conjoncture économique le Congo leur coupe les bourses. Ils pouvaient recevoir de l'aide de leurs parents, l'achat des devises était réglementé par la banque centrale et les banques privées n'opéraient pas des transferts d'argent à l'étranger.

Ces étudiants étaient pour la plupart mariés et avaient des familles nombreuses. Ils devaient s'acquitter des frais de scolarités, payer les loyers, envoyer les enfants à l'école, se nourrir et se vêtir, des frais auxquels les petits boulots étudiants sur les campus ne pouvaient contribuer. Au Congo, la solidarité familiale aidant, ils pouvaient s'inviter à la table des parents, envoyer les enfants chez un oncle ou chez une tante. Mais pas ici.

— Qu'ont-ils fait ?

— Comme c'est la culture ici, ils sont allés manifester à leur ambassade avec des pancartes. L'ambassadeur a fait son rapport à Kinshasa qui a réagi et demandé aux étudiants de retourner au Congo. Comment faire ? Sans argent et en cours de scolarité. Leurs familles ont eu des menaces de la part des services de sécurité au pays.

— Sont-ils retournés au Congo ?

— Certains, oui. Ceux qui étaient en ordre de sainteté avec le régime.

— Je ne savais pas ça. C'est stressant.

— Le Canada leur a apporté protection et aide. Ils ont pu terminer leurs études. Ils ont acquis la citoyenneté canadienne. Leurs enfants, leurs petits-enfants et, pour certains, leurs arrière-petits-enfants sont des Canadiens d'origine congolaise. Ils sont Congolais de nom. Ils portent des noms congolais. Ils adorent les mets congolais et écoutent la musique congolaise. Ils dansent toutes les danses congolaises comme s'ils étaient nés au Congo.

— Ils sont Congolais.

— De nom seulement. Pour la Constitution congolaise, ils ne sont pas Congolais.

— C'est simple. Il faut changer la Constitution.

— Ce n'est pas la meilleure voie à suivre. La nationalité congolaise exclusive n'est pas un problème constitutionnel.

— Qu'est-ce que les Congolais doivent faire ?

— Que devons-nous faire ? C'est la question qui est posée à Jésus. Évangile de Luc, chapitre 3: verset 10. « Les foules lui demandèrent alors : que devons-nous faire ? »

— Que vas-tu chercher dans la Bible pour résoudre un problème pratique de droit constitutionnel ? Je connais bien ce passage. Jésus y parle de l'amour du prochain, de la compassion, de l'entraide et du partage. Que celui qui a deux chemises en donne une à celui qui n'en a pas et que celui qui a de quoi manger partage avec celui qui n'a rien. Est-ce avec la Bible que les Congolais vont réparer cette injustice que la loi a engendrée ?

— Les Congolais sont un peuple des croyants. Ils connaissent la Bible. C'est devant Dieu et la nation que leur Président jure solennellement serment avant d'entrer en fonction. La Bible fait partie de l'imaginaire collectif congolais. Il y a des églises à tout bout des rues et dans tous les villages. Si tu trouves dans la parole de Dieu un argumentaire, tu as la chance de toucher la sensibilité des Congolais et même des érudits.

Ils croient aussi en leurs ancêtres sur lesquels ils jurent souvent, et qui constituent une référence pour régler des problèmes qui menacent la cohésion familiale.

C'est cette foi commune en Dieu et en nos ancêtres dont je me servirai comme repères pour retrouver le fondement spirituel ou non du principe de nationalité congolaise exclusive contenue dans la Constitution congolaise qui nie aux Congolais d'origine leur droit de cité sur la terre de leurs ancêtres ainsi que leur appartenance à la grande famille congolaise.

CHAPITRE 3

LA DIASPORA CONGOLAISE À LA LUMIÈRE DES CROYANCES

Tout membre de la diaspora congolaise a une histoire et a un code de traçabilité de son origine. C'est l'histoire qu'il a racontée et que son pays d'accueil a trouvée crédible pour lui accorder l'hospitalité.

Il est parti du Congo comme Congolais et aujourd'hui que le même courage qu'il avait eu de fuir le saisit et le pousse dans le sens contraire, il veut être reconnu Congolais au pays de ses ancêtres.

J'ai raconté précédemment mon histoire ainsi que celle des étudiants boursiers de la manifestation de l'ambassade du Congo à Ottawa. Je suis originaire du Congo, c'est au Congo que mon cordon ombilical est enterré, à Tshikapa.

Le Congolais de la diaspora est une restitution grandeur nature de Jonas de la Bible. Quiconque croit que la Bible est la Parole de Dieu et qu'elle est la vie, la vérité et le salut de quiconque croit doit comprendre l'histoire du Congolais d'origine.

Quelle que soit la raison qui a motivé Jonas de naviguer à bord d'une embarcation qui s'est prise dans une tempête, il avait eu, comme le Congolais de la diaspora, le courage de fuir son pays. Croyant qu'il était responsable de la colère de Dieu, ses compagnons de voyage l'avaient jeté à la mer où il était avalé par un énorme poisson semblable à une baleine. Pour le Congolais étranger, le ventre de la baleine est un pays d'accueil.

C'est de l'intérieur de la baleine que Jonas s'est rendu compte qu'il n'avait pas vocation à y demeurer indéfiniment et qu'il avait eu le regret de son refus de sa mission prophétique d'annoncer aux habitants de Ninive un futur jugement. Quand la baleine l'a vomi trois jours après sur la terre ferme, celle-ci ne l'a pas rejeté à la mer. La terre l'a, par contre, accueilli et entendu son histoire, ce qui l'a décidé à reprendre le chemin pour Ninive. Les habitants de Ninive se repentirent et furent pardonnés par Dieu. Jonas ne fut pas condamné pour son refus qui aurait pu vouer Ninive et ses habitants à la destruction.

La similitude de l'histoire de Jonas et celle du Congolais de la diaspora est grande. Les deux ont décidé de partir et se sont retrouvés dans la tourmente. Jonas, dans le navire tanguant en pleine tempête, et l'immigrant devant les services d'immigration. Le premier a refusé d'aller annoncer le jugement à Ninive et le second a acquis une citoyenneté du pays d'accueil. Dieu a pardonné à Jonas son refus et lui a permis de remplir sa mission, mais l'acte du Congolais de diaspora quant à lui est perçu comme un crime de lèse-majesté.

Pourquoi, bon sens, le Congo voudra-t-il rejeter l'enfant à la mer ? Il y a des esprits pensants qui croient que Jonas l'avait mérité, la baleine n'aurait pas dû le rendre à la terre ferme. Mais quelle est la croyance du Congolais ?

Dans la Bible, Jonas a été accueilli. Sa faute ne lui a pas été reprochée. En tant que chrétien, l'acquisition d'une citoyenneté du pays d'accueil n'aurait pas dû constituer un péché qui lui coûte la déchéance de sa nationalité d'origine.

Le Congolais de la diaspora est un fils prodigue qui retourne à la maison.

— La parabole du fils prodigue qui parle d'un homme qui avait deux fils ? Le plus jeune avait demandé à son père sa part de biens qui lui revenait. Le père leur avait partagé ses biens. Le plus jeune avait dilapidé son bien dans un pays lointain et était ensuite retourné chez son père.

— À quoi s'attendait-il ? À un accueil chaleureux, un tapis rouge ?

— Un accueil. C'est ce que le père a fait. Il a dit à ses serviteurs d'apporter la plus belle robe, de l'habiller, de lui mettre un anneau au doigt et des sandales aux pieds. Il a fait tuer un veau gras et a fêté. « Car, dit-il, mon fils que voici était mort et il est revenu à la vie, il était perdu et il est retrouvé ».

— Mais ce n'était pas du goût du fils ainé.

— Il était bien sûr furieux, mais le père lui avait dit : « Mon enfant, toi tu es toujours avec moi, et tout ce qui est à moi est à toi. Mais il fallait festoyer et se réjouir, parce que ton frère que voici était mort et il est vivant, il était perdu et il est retrouvé ».

La beauté dans cette histoire : le père avait couru se jeter au cou de son fils et l'avait couvert de baisers. Il n'avait pas voulu entendre l'argumentaire de son fils : « Père, j'ai péché envers le ciel et contre toi. Je ne mérite plus d'être appelé ton fils ».

En bon père de famille, le Congo ne doit pas attendre que son fils perdu de la diaspora argumente pour son retour. Comme le fils prodigue, la diaspora doit se présenter humble. Le fils ainé a le mérite d'avoir gardé la maison paternelle.

— Mais, les érudits disent que l'enfant prodigue est une parabole et que le récit de Jonas dans le ventre de la baleine est une légende, une histoire à dormir debout, un mythe.

— Ils disent ça ?

— Ah oui, Monsieur.

— Ils ne savent pas ce qu'ils disent. La Bible est la Parole de Dieu. Elle est la vérité de la Genèse à l'Apocalypse. De la création de l'univers à la grâce donnée par le Seigneur Jésus à tous. Elle enseigne. Elle prévient. Elle guérit. Elle purifie. Elle donne le salut.

— Il faut quand même reconnaître que la Bible renferme beaucoup de légendes et des mythes.

— Les mythes ont le mérite de rendre poétique la prose. Tous les peuples y ont recours pour donner à leur histoire un caractère auguste.

Les Romains se sont donné des ancêtres Romulus et Rémus qu'ils disaient avoir été allaités et élevés par une louve. La Louve du Capitole est là pour l'attester.

Les Français ont eu recours à Astérix et Obélix pour faire des Gaulois leurs ancêtres. Les Grecs ont eu Zeus, un dieu suprême.

Les Bapunus du Gabon ont recours au mythe d'Ibobolu pour s'identifier à Tatu Nyambi, leur ancêtre.

Tous les peuples du monde se créent, à dessein, des mythes et des légendes. Et certains chantent et dansent. D'autres naviguent et rencontrent des vagues scélérates.

Il y a des peuples qui consolident leur sentiment d'appartenance nationale à des personnes ou à des sports.

— Nous, les Canadiens, par exemple, avons le hockey, mais on ne s'y reconnaît pas tous.

— Le hockey a presque les mêmes règles que le soccer, il ne peut pas créer un sentiment identitaire. C'est celui qui met la rondelle dans le filet qui compte. Il en est de même du basketball. Je te parle des sports comme le baseball qui a joué un rôle fédérateur en Amérique. Je te parle du cricket et du rugby pour certaines nations. Ce sont des sports qui ont chacun une âme et qui sont devenus l'âme de tout un peuple. C'est l'esprit du baseball entre autres qui fait que le fédéralisme perdure en Amérique du Nord et que la péréquation semble avoir un bon sens. Sais-tu qu'en Amérique du Nord, jamais un événement n'a choqué le peuple plus que le scandale des « Black Sox » de 1919 qui avait éclaboussé les ligues majeures de baseball ? Tous les joueurs de *White Sox* de Chicago furent bannis à vie du baseball y compris le légendaire *Shoeless* Joe Jackson et ce, malgré que ce dernier ne fût pas reconnu coupable de tricherie. L'onde de choc provoquée par le scandale n'avait d'égal que le sacro-saint esprit d'équipe ébranlé ainsi que la cohésion sociale nationale éventrée, et se fait ressentir jusqu'à nos jours. Pourtant, les Américains ont été capables d'expliquer et de relativiser le Krach du New York Stock Exchange de 1929 et la crise économique mondiale subséquente, et jamais ils n'ont pardonné aux joueurs de White Sox de 1919. Les Américains ont été atteints dans leur âme. Un poète américain du XIXe siècle, Walt Whitman, a dit : « Je vois de grandes choses dans le baseball. C'est notre jeu — le jeu américain ». Toute nation, toute communauté, chaque peuple, a une âme et, s'il ne l'a pas, il doit l'inventer et le sport a le génie de la forger. Le Japon a ses samouraïs, la Chine a ses sports martiaux, l'Inde a son cricket, l'Occident a ses finances…

— Et l'Afrique alors ?

— L'Afrique, elle aussi, a une âme, c'est sa philosophie. Mais, ce qui importe c'est l'usage qu'elle fait de son âme dans le management et la gouvernance.

Prenons l'exemple des Bantu, ils ont oublié qu'ils tirent leur origine du « Ntu », c'est-à-dire, l'esprit, et que c'est l'esprit qui fait l'Homme, le « Muntu ». L'Homme, ce n'est rien d'autre que l'esprit incarné qui ne diffère de toute autre matière que par son essence et qui n'a la conscience de son existence qu'en symbiose avec tous les esprits incarnés. C'est cette conscience que les Bantu appellent « Bumuntu » en tshiluba, « Bomoto » en lingala, « Kimuntu » en kikongo, « Ubuntu » partout en Afrique. Le Bumuntu, c'est ni plus ni moins l'humanité de l'Homme que les esprits pensants désignent par « humanisme ».

Imaginons un État africain qui intègre l'Ubuntu dans sa gouvernance et qui traite ses citoyens avec humanité, une gouvernance exempte de toute propension naturelle à l'égoïsme et qui place l'homme au centre de tout exercice du pouvoir.

Vois-tu, mon ami ? Les mythes ne sont pas à prendre à la légère. Ils sont là pour les peuples l'essence et le moteur de l'identité.

— C'est ce que tu racontes dans tes livres d'avatars et d'albinos[27]. Ont-ils un samouraï, tes Congolais ? Non. Ont-ils un sport national ou des arts martiaux ? Non. Moi je suis chrétien comme toi, je crois en la Parole de Dieu. Les Congolais sont des croyants, et c'est dans leur religion que tu dois trouver ton sentiment fédérateur. Les Congolais ne doivent pas rejeter leurs frères et sœurs.

Comme bon élève, j'ai fait des recherches et j'ai trouvé que les Congolais ne sont pas les seuls à ne pas accepter la double nationalité. Il y a aussi les Camerounais quand cela fait leur affaire.

— Le Cameroun, c'est comme le Congo. Il ne sait pas ce qu'il manque. Quel serait le rang du Cameroun dans le classement FIFA si l'on retire les coupes et les matchs que les Lions Indomptables ont gagnés avec Roger Mila, Joseph-Antoine Bell, Samuel Eto'o Fils et autres ?

C'est seulement quand ces dignes fils du pays veulent diriger la Fédération camerounaise de football que le problème de double nationalité est soulevé par les autres challengers qui, pour la plupart, ne connaissent rien du football. Le plus près qu'ils se sont approché du ballon rond, c'est au stade de Yaoundé, assis à la tribune d'honneur. Ces internationaux talentueux sont des professionnels compétents qui connaissent le football amateur et professionnel, ils veulent aider leur pays.

Fils ainés, ne gâchez pas la joie du père d'accueillir ses enfants perdus, ses fils prodigues, vos frères. Ce sont vos frangins après tout. Dieu voit tout. Il vous regarde. Vous enverra-t-il Jonas pour vous annoncer ce qui va venir ?

Et au Congo, ce n'est pas mieux qu'au Cameroun. On peut vous laisser vous faire élire député, sénateur, gouverneur de province, vous nommer à n'importe quel poste, mais si un frère ou une sœur vous en veut, votre passeport étranger est publié dans les journaux et partagé sur les médias sociaux.

« Mvula ulejela Kalume kwabo », dit-on. Kalume ne voulait pas retourner à la maison, mais la pluie ne lui avait pas laissé le choix. Personne ne lui avait donné un abri.[28]

Où irons-nous le jour du recensement tel que celui ordonné par César Auguste de toute la terre habitée au temps de la Bible ? Nulle part. Nul endroit où nous pourrons vivre sans crainte. Nous les Congolais de la diaspora ainsi que nos descendants n'avons plus de pays d'origine.

L'édit de l'empereur était précis. Chacun devait se faire recenser dans la localité dont il était originaire. C'est dans ce contexte que Jésus est né à Bethléem, la localité d'origine de Joseph, dans une mangeoire par manque de place dans l'hôtellerie, et non à Nazareth où il vivait avec sa fiancée Marie.

Le recensement à l'étendue de toute la terre habitée est d'actualité. Il n'est pas général. Il est réservé à quelques-uns des citoyens indésirables que les États européens et américains retournent dans leurs pays d'origine ou envoient dans des pays de convenance.

Ce renvoi des citoyens indésirables dans leurs pays d'origine, certains politiciens dits de l'extrême veulent l'étendre à tous leurs concitoyens issus de l'immigration et leurs descendants.

Ne pouvant pas répondre au recensement ordonné par le maître de la terre ni satisfaire à l'exécution d'une mesure de renvoi, faute de destination, le Congolais de la diaspora devient un paria. Son pays d'origine ne veut plus de lui comme citoyen. Il est ostracisé à vie.

Nul citoyen ne peut être ostracisé de son pays d'origine. C'est un droit naturel fondamental et inaliénable que d'avoir une terre à laquelle on est rattaché spirituellement et émotionnellement. Quiconque enfreint à l'esprit de ce droit en paye le prix à coup sûr.

Cicéron (107-43 av. J.-C.) était un grand homme d'État romain, un orateur de talent et un brillant avocat. Il avait l'estime de César. Mais, pour avoir obligé un citoyen romain Catilina à quitter Rome et obtenu la condamnation des complices de ce dernier, il s'était vu montrer le chemin d'exil et retranché de la communauté par le tribun de la plèbe Clodius.

Mobutu Sese Seko a poussé à l'exil bon nombre de ses concitoyens, certains déchus de leur nationalité d'origine, et c'est ce même chemin qu'il a dû emprunter lors de sa chute et qui lui avait montré Laurent Désiré Kabila revenant de l'exil.

Il y a dans l'exil, le bannissement et l'ostracisme, même décidés par des lois des parlements, quelque chose de mystique que nos yeux d'homme ne peuvent pas voir : le karma. Ni la Constitution, ni les jugements, ni les mesures administratives ne peuvent servir de secours.

La déchéance de la nationalité congolaise des Congolais d'origine ne rime pas avec les croyances spirituelles et religieuses congolaises. Ni la Bible ni les mânes des ancêtres n'arrivent à comprendre qu'un enfant prodigue ne puisse être accueilli au pays des ancêtres. Tout ça à cause d'une disposition dite constitutionnelle.

Vois-tu ? Si tu ne sais pas d'où tu viens, comment peux-tu marquer une pause, prendre un moment de réflexion, afin de reprendre le chemin en conséquence ? Dans mon village, *on conseille aux marcheurs de nuit de marquer une pause et d'interroger l'étoile du ciel* : « Tuye too twimane, tu bikile mutotu wa mu djulu witabe. »

Trente-et-un ans, c'est plus qu'un quart du siècle. Je ne sais plus d'où je viens. Quand je vois ma grand-mère

Dimbumbu-wa-Shawaka en rêve, elle est parfumée à l'eau de Cologne, ce n'est plus la senteur de femme du village, femme des champs d'autrefois. Je suis en train de perdre mes repères. Heureusement, mes concitoyens de Joliette au Québec sont là pour me le rappeler constamment : « Where are you from ? » D'où tu viens ? D'où tu sors ? Dois-je dire que je viens d'ailleurs ou du Congo ? Un pays qui ne veut plus de moi ? Je dis souvent que je viens d'Afrique, même là je triche, je joue sur la couleur de ma peau, puisque le Congo c'est en Afrique, l'Afrique noire.

— André ! Avant de perdre tous tes repères, peux-tu m'amener dans ton pays d'origine l'hiver prochain ? Il fait chaud là-bas.

— Je n'ai plus de pays d'origine. La Constitution congolaise me l'a retiré. Si tu veux qu'on y aille comme deux touristes étrangers, oui, je suis partant.

— Mais tu peux retourner au Congo et faire de la politique comme tout le monde. Tu mets de côté ton passeport du Canada. Tout le monde le fait. Tu as des pièces d'identité de l'époque du Zaïre : un passeport, un permis de conduire, une carte d'identité pour citoyen et même ton baptistaire. Et après si ça marche, tu peux renoncer à la citoyenneté canadienne.

— Et après ? Si les mêmes causes de mon exil se reproduisent, vais-je revenir à Montréal-Mirabel et demander à nouveau l'asile ?

— Montréal-Mirabel n'existe plus, les vols internationaux ont été transférés à Dorval, à l'Aéroport international Pierre-Elliott-Trudeau de Montréal.

— À Montréal-Trudeau, si j'ai beaucoup de chance, l'agent d'immigration m'écoutera et puis me dira que Mobutu n'est plus président du Zaïre et que le Congo est devenu démocratique. D'ailleurs, ce n'est plus la République du Zaïre, c'est la République Démocratique du Congo.

— Tu pars demander l'asile en Belgique. Là-bas à coup sûr ça va marcher.

— Tu me demandes de faire ce que Mobutu avait conseillé à un neveu à lui, neveu au sens africain du terme, qui cherchait une aide financière : « Sala lokola baninga, bwaka nzoto. » *Fais comme tes amis, demande l'asile politique.*

— Je suis triste pour toi, André, mon ami. Tu n'as plus de pays de citoyenneté d'origine. C'est bizarre !

— Je ne sais pas si c'est une consolation : la République Démocratique du Congo est un des rares pays au monde à interdire la double nationalité, à part la Principauté d'Andorre, la Géorgie, le Japon, l'Azerbaïdjan, et la République populaire de Chine.

— Ça, c'est très... très... très bizarre.

— Même la Belgique qui avait toujours été citée comme exemple a supprimé la nationalité exclusive. Les Belges peuvent avoir une double nationalité.

— Mais tu n'as pas mentionné le Cameroun sur la très sélecte liste des pays à nationalité exclusive.

— Le Cameroun tolère partiellement la double nationalité.

La nationalité exclusive est un luxe que ne peuvent se payer que les pays qui veulent punir et exclure leurs citoyens considérés comme indésirables ainsi que leurs descendants. Le Congo est un pays qui se veut démocratique, il doit se démarquer ces États dont l'exclusion est ancrée dans leur histoire et fait partie de leur ADN politique.

La majorité des pays du monde reconnaissent la double nationalité. La République Démocratique du Congo est-elle vraiment la République des inconscients comme l'a écrit un homme politique congolais Modeste Mutinga Mutuishayi dans son livre « RD, la République des inconscients »[29] ?

— À y voir de près, on dirait que ton homme politique a raison. Qu'est-ce qu'ils ont dit de ce constat ?

— Qui ?

— Les inconscients naturellement.

— Le président du Sénat Léon Kengo wa Dondo, un ancien Premier ministre, avait trouvé le livre « à la fois provocateur et accusateur. »[30]

CHAPITRE 4

LA NATIONALITÉ EXCLUSIVE : UNE DUPERIE CONSTITUTIONNELLE

Il faut dépolitiser la nationalité congolaise et la dépouiller de toutes les considérations d'unicité et d'exclusivité qui ont poussé les ancêtres à tourner le dos au Congo et a éloigné le pays des bénédictions de Dieu et des aïeux.

La Constitution de la République Démocratique du Congo, modifiée par la Loi no 11/002 du 20 janvier 2011 portant révision de certains articles de la Constitution de la République Démocratique du Congo du 18 février 2006, est la loi fondamentale du Congo. Elle a été adoptée en vue de mettre fin à des crises politiques récurrentes depuis l'indépendance du pays le 30 juin 1960 découlant entre autres de la contestation de la légitimité des Institutions et leurs dirigeants, et aussi de la nationalité.

L'article 10 de la Constitution dispose :

« La nationalité congolaise est une et exclusive. Elle ne peut être détenue concurremment avec aucune autre.

« *La nationalité congolaise est soit d'origine, soit d'acquisition individuelle.*

« *Est Congolais d'origine, toute personne appartenant aux groupes ethniques dont les personnes et le territoire constituaient ce qui est devenu le Congo (présentement la République démocratique du Congo) à l'indépendance.*

« *Une loi organique détermine les conditions de reconnaissance, d'acquisition, de perte et de recouvrement de la nationalité congolaise.* »

De tout cet article, seule la définition de la nationalité congolaise est constitutionnelle. *La nationalité congolaise est soit d'origine, soit d'acquisition individuelle.* Le reste ressemble à des dispositifs des décisions des cours et tribunaux ou à des lois organiques.

Les concepts de l'unicité et de l'exclusivité de la nationalité congolaise sont du domaine de la politique et méritent d'être discutés et traités comme tel. Leur insertion dans le texte de la Loi fondamentale contraste avec la morale constitutionnelle.

La Constitution, par nature, règle l'organisation des pouvoirs publics, et éventuellement des droits humains, des libertés fondamentales et des devoirs du citoyen et de l'État. Elle ne sanctionne ni ne détermine des peines.

Comment la sanction de perte de la nationalité congolaise d'origine du fait de la détention d'une autre nationalité a-t-elle pu être insérée dans la Constitution ?

Comment peut-on perdre la nationalité d'origine ? Rien que par la définition constitutionnelle de la nationalité d'origine, celle-ci ne peut jamais se perdre. La Constitution congolaise dit : « Est Congolais d'origine, toute personne appartenant aux groupes ethniques dont les personnes et le territoire constituaient ce qui est devenu le Congo (présentement la République démocratique du Congo) à l'indépendance. »

Le Congolais d'origine est Congolais en raison de son appartenance à un groupe ethnique. La logique veut que seule la disparition du Congo puisse entraîner la perte de sa nationalité d'origine. Même si le Congolais d'origine acquiert d'autres nationalités, il ne devrait pas perdre sa nationalité d'origine. Nul ne peut naître dans deux territoires différents.

— C'est la logique, André. Mais, une petite question : peut-on retirer la nationalité à une personne ?

— Oui, Pierre. Mais ce n'est pas de la compétence de la Constitution. La Constitution congolaise est claire : « Une loi organique détermine les conditions de reconnaissance, d'acquisition, de perte et de recouvrement de la nationalité congolaise. »

L'insertion de la nationalité exclusive dont la conséquence est la perte de nationalité congolaise d'origine par un Congolais d'origine détenteur d'une nationalité étrangère est une duperie constitutionnelle. La Constitution aurait dû laisser à la loi organique l'organisation de la perte de la nationalité congolaise et aux cours et tribunaux de se prononcer le cas échéant.

La nationalité exclusive est un choix politique, il faut l'assumer comme tel et ne pas en faire une question constitutionnelle.

Depuis 1960, ce choix politique délibéré des politiciens empoisonne la vie politique du pays et qu'ils se transmettent de génération à génération, prenant ainsi toute la nation en otage.

Puisque politique, le problème de nationalité exclusive doit trouver une solution politique. S'il était législatif, il y a longtemps qu'il aurait été réglé par les législations. Malin, celui qui a insidieusement introduit la notion de l'exclusivité de la nationalité dans la Loi fondamentale du pays.

Le législateur a accompli sa part de contrat, il a défini la nationalité congolaise, elle est soit d'origine soit d'acquisition individuelle. Il a promis une loi organique pour déterminer les conditions de reconnaissance, d'acquisition, de perte et de renouvellement de la nationalité congolaise. La Loi fondamentale règle les questions essentielles du pays, elle a une vocation objective d'inclusion, elle n'est pas calculatrice, elle n'use pas de stratagèmes. Tout le contraire du politique qui a une vocation subjective d'exclure tout ce qui ne fait pas son affaire immédiate.

La nationalité exclusive n'est inspirée ni de Dieu ni des ancêtres. L'inclusion a toujours servi de leitmotiv aux exclus à vouloir coûte que coûte retrouver leur place au bercail soit fraternellement soit par la force.

En 1997, les exclus de la Deuxième République ont réussi à revenir sur la terre de leurs ancêtres.

— Avec l'aide des pays étrangers.

— Sept pays, comme *Les Sept contre Thèbes*, une tragédie grecque de 467 av. J.-C. Polynice était revenu de l'exil pour regagner le royaume de Thèbes.

— André ! La guerre des Sept Chefs c'est la mythologie grecque. La guerre de succession d'Œdipe disputée par deux frères Étéocle et Polynice, ce dernier était tué, et leur sœur Antigone avait décidé de l'enterrer malgré le décret du roi. Tu sais ce qu'elle a dit ?

— Comment pourrais-je le savoir si tu ne me le dis pas ?

— Elle a dit qu'elle le devait en obéissance aux dieux et en accomplissant son devoir religieux. Elle s'est laissée guider par la sagesse de ses ancêtres qui interdit de priver de sculpture la dépouille d'un mort même d'un ennemi.

— Pour les Grecs, c'est la mythologie, mais pour les Congolais ce fut une réelle guerre, des morts et le pays mis à sac et à sang, il y a eu même deux armées de la coalition des sept pays, à savoir : l'Ouganda et le Rwanda, qui se sont fait la guerre sur le territoire du Congo. Il y eut des massacres, des viols, des pillages, toute une tragédie.

— Toutes les guerres sont sales. S'il faut empêcher tout prétexte à la guerre, il faut le faire. La nationalité congolaise exclusive n'est pas vertueuse. Elle est une des racines du mal congolais.

Au fait, ce problème de nationalité congolaise exclusive ne date pas d'aujourd'hui. Je suis d'accord avec toi que c'est un problème politique créé par le politique et doit être résolu par le politique. Pourquoi veux-tu que ça soit le président actuel qui y trouve la solution ? En 1960, il n'était pas né.

— Tout comme son prédécesseur.

— Je vois. *Le Loup et l'Agneau* de La Fontaine. En 1960, je n'étais pas né. « Si ce n'est toi, c'est donc ton frère. Je n'en ai point. C'est donc quelqu'un des tiens ». Un politique. Au problème politique, une solution politique. Mais il a les mains liées. Le principe de la séparation des pouvoirs l'empêche d'agir. Il doit s'en remettre au pouvoir législatif et laisser ce dernier résoudre le problème.

— Résoudre un problème politique généré par le politique qui s'est servi de lui comme mère porteuse ? Je ne pense pas. C'est une césarienne.

Tout ce qui existe a été un jour imaginé. Il n'y a rien de nouveau dans ce bas monde. Le principe de séparation des pouvoirs, c'est Montesquieu qui l'a imaginé dans son ouvrage « De l'esprit des lois » en 1748 avec cette phrase célèbre : « Pour qu'on ne puisse abuser du pouvoir, il faut que par la disposition des choses le pouvoir arrête le pouvoir. »

Ce n'est pas un problème de séparation des pouvoirs qui se pose dans le cas de la nationalité congolaise qui est *une et exclusive. Elle ne peut être détenue concurremment avec aucune autre.* Mais plutôt celui du génie politique congolais qui, en insérant cette conception de nationalité, a judiciarisé le législatif. La sanction des manquements et la détermination des peines sont du domaine du pouvoir judiciaire. C'est cet acte incestueux que le politique se doit de démêler.

La séparation des pouvoirs sous-entend un navire, l'État, avec trois compartiments, législatif, exécutif et judiciaire, qui navigue, qui tangue et avance malgré les tempêtes, avec un capitaine, le Président de la République, qui tient le gouvernail. Et la Constitution est là pour servir de boussole.

C'est ainsi que quand le Parlement vote des lois, c'est le Président de la République qui les promulgue, et que c'est en son nom que les décisions de justice sont exécutées. Il est le capitaine à bord.

— Mais que doit-il faire le Président de la République quand le législatif s'est arrogé une compétence judiciaire qui n'est pas la sienne ?

— Pour ce cas précis de la nationalité exclusive, le Président est décidé à réparer le préjudice qui est causé à la diaspora.

— J'ai suivi ses discours. En 2018, lors de la campagne présidentielle, c'était un candidat qui parlait et qui faisait une promesse de faire un geste à l'endroit de la diaspora. Maintenant qu'il est Président, le discours ne suffit pas. Le Président de la République agit par ordonnance.

— Je te comprends. Mais il doit veiller au respect de la Constitution et se conformer à la notion de l'État de droit.

— Ni la Constitution ni l'État de droit ne l'empêchent d'agir.

— Tu as raison. Mais il doit agir. Les bonnes intentions ne suffisent pas. Son obligation vis-à-vis de la diaspora est une obligation de résultat et non des moyens. Le peuple veut voir les jumeaux dans le panier. Ce que la diaspora demande est simple : la double nationalité universelle.

— Pourquoi le Président ne saisirait-il pas le Parlement pour qu'il change la disposition de la Constitution qui exclut les Congolais d'origine des Congolais ?

— Il pourra le faire. Il en a le droit en tant que Président de la République et en tant que citoyen congolais.

Mais c'est une équation à plusieurs variables. Que faire si le parlement ne votait pas pour le projet de loi du Président ?

— C'est hypothétique. Le Président a la majorité parlementaire.

— Le Parlement est souverain. La mathématique politicienne est différente de la nôtre. Le Parlement est comme une maternité, tant que le bébé livré n'a pas poussé un cri, on retient le souffle et, en bon Congolais, on croise les doigts. Le juriste suisse Jean-Louis de Lolme disait au XVIIIe siècle que le Parlement anglais pouvait tout faire, sauf changer un homme en femme.

— Je ne pense pas que s'il revenait aujourd'hui, il tiendrait le même discours. Aujourd'hui, le changement de sexe à l'état civil se pratique en Angleterre, en France, en Belgique, un peu partout, même ici au Canada. C'est une percée majeure en matière de droits humains.

— Supposons que la majorité des parlementaires vote la loi, il faut tenir un referendum, car la nationalité est une matière enchâssée qui nécessite un referendum.

— Et alors ?

— Et alors ! Où le Président trouvera-t-il des fonds pour tenir le referendum en même temps assurer sa politique de gratuité de l'enseignement ?

— La double nationalité devient compliquée. Ce n'est pas demain la veille.

— Les Kinois disent : « *Liboke ya moninga basombelaka yango kwanga te.* »

— C'est-à-dire ?

— Dans certaines circonstances, il faut compter sur soi, sur sa force et sur ses propres moyens.

Le Président de la République est Chef d'État. C'est la Constitution de la République Démocratique du Congo qui le dit. Son élection au suffrage universel direct fait de lui le mandataire du peuple, le souverain primaire, dont il a promis d'être fidèle serviteur.

En tant que Chef de l'État, le Président de la République, peut se saisir du dossier du calvaire des Congolais d'origine de la diaspora et la régler sans pour autant devenir dictateur comme le prétendent à tort plus d'un. Il n'aurait en aucun cas violé la séparation des pouvoirs ni l'État de droit.

Il y a un flou artistique bien agencé autour du problème de la non-reconnaissance du droit de cité aux Congolais d'origine de la diaspora qui risquent de se trouver balancés entre les trois pouvoirs séparés de l'État.

Lorsqu'ils voudront s'adresser au pouvoir législatif, celui-ci est en droit de ne pas recevoir leur demande aux motifs qu'il a déjà légiféré ou encore que, n'étant pas des citoyens congolais, ils n'ont pas qualité d'initiative des lois. Il leur demandera de voir le pouvoir judiciaire ou le pouvoir exécutif.

Le pouvoir judiciaire ne voudra même pas recevoir leur requête pour peut-être défaut de qualité ou pour incompétence. Il leur conseillera le cas échéant de voir le pouvoir législatif pour modification de la disposition préjudiciable ou en tout état de cause le pouvoir exécutif.

Il ne reste aux Congolais d'origine de la diaspora dite congolaise que le mandataire du souverain primaire, le Chef de l'État, pour les entendre et décider de leur destin ainsi que celui de leurs descendants. Il a la compétence et la légitimité pour décider de fixer leur sort.

Comparaison n'est pas raison, dit-on. Un cas similaire s'est déjà passé, des personnes qui se sont retrouvées balancées comme un ballon de ping-pong du pouvoir exécutif au pouvoir judiciaire et au pouvoir législatif, du pouvoir judiciaire au pouvoir exécutif et au pouvoir législatif. Le pouvoir exécutif avait eu le courage politique de régler l'affaire en donnant l'heure exacte de la question du *Quatorzième Amendement* de la Constitution des États-Unis d'Amérique et des droits civiques des Américains noirs.

Au sortir de la guerre civile américaine de 1861 à 1865 qui mit fin à l'esclavage, le *Quatorzième amendement* à la Constitution des États-Unis a été voté pour garantir à tous les citoyens américains une protection égale en vertu de la loi renforçant du coup le *Treizième amendement* qui soulignait la proclamation d'émancipation pendant la guerre. Les États du Sud esclavagistes refusèrent de se conformer en votant leurs propres lois ségrégatives exigeant l'égalité et le maintien des races séparées, que les citoyens américains noirs contestèrent devant les tribunaux étatiques et fédéraux qui rejetèrent leurs arguments, et pourtant c'était pour eux que le *Quatorzième amendement* avait été voté. Pour les juges, l'amendement de la Constitution des États-Unis s'appliquait à la citoyenneté fédérale et non à la citoyenneté étatique. Il y eut beaucoup de violentes émeutes et manifestations dans tous les États qui exacerbèrent les tensions raciales, dont celles de Birmingham et d'Alabama en 1961 avec une participation remarquée du Prix Nobel de la paix Pasteur Martin Luther King Jr.

Il a fallu l'intervention du Président John Fitzgerald Kennedy pour mettre fin à l'insécurité juridique, légale, judiciaire, administrative et sociale des Afro-Américains qui revendiquaient leurs droits civiques. Le 11 juin 1963, lors d'un discours télévisé, le Président Kennedy appela les membres du Congrès à faire passer une loi garantissant l'exercice des droits civiques pour tous, quelle que soit sa couleur de peau. Bien sûr, Kennedy n'a pas vécu vieux pour voir la matérialisation de ce qu'il avait entrepris. Après son assassinat, son successeur le Président Lyndon B. Johnson promulgua le 2 juillet 1964 le *Civil Rights Act* de 1964, la loi votée par le Congrès des États-Unis, qui mit fin à toutes sortes de ségrégations et de discriminations.

Aujourd'hui, John Fitzgerald Kennedy est entré dans l'Histoire de l'Humanité comme un grand homme d'État américain qui a fait éviter au monde une guerre nucléaire avec le démantèlement des missiles soviétiques de Cuba et qui a concrétisé la déségrégation de la société américaine.

Tout comme les Afro-Américains étaient ségrégués aux États-Unis d'Amérique, les Congolais d'origine de la diaspora le sont au Congo, leur pays d'origine, où le droit de cité leur est nié.

Aux États-Unis, le *Quatorzième amendement* à la Constitution américaine a été voté pour les Afro-Américains, tout comme la définition de la nationalité congolaise que donne la Constitution de la République Démocratique du Congo : *la nationalité congolaise est soit d'origine soit d'acquisition.*

Le Président américain est intervenu et a mis fin à la ségrégation ce qui lui a valu le respect de ses concitoyens et surtout ceux du mouvement afro-américain des droits civiques qui ne se sont pas priés pour avoir la sympathie pour les démocrates.

Si le Président de la République, Chef de l'État, intervient pour mettre fin à l'apartheid légal dont les Congolais d'origine de la diaspora sont victimes, il n'est pas écarté que les Congolais d'origine reconnaissants pour leurs droits civiques retrouvés lui soient acquis le cas échéant.

Cela dit, la double nationalité que la diaspora appelle de tous ses vœux est un enjeu politique majeur. Quiconque la lui accordera obtiendra à coup sûr ses faveurs.

Sans ça, et de toute façon, la diaspora congolaise n'existe pas. Diaspora ? Oui. Congolaise, non.

— Comment ça ? Voyons donc ! Comment peux-tu affirmer ça ? Tu es Congolais ?

— De cœur et de sang.

— Tu fais partie de la diaspora congolaise ?

— C'est toi qui le dis. La Constitution congolaise dit le contraire. Elle m'a rayé de la liste des Congolais. Là où ça m'énerve, même mes enfants et mes petits-enfants ne peuvent pas prétendre à la nationalité de leurs ancêtres. « Mwana mutwala wa kamanyi njila bule » : *un enfant porté qui ne connaît pas la longueur du chemin.* Pourquoi lui faire payer le faix du porteur ?

La nationalité congolaise *une et exclusive* est une insulte à l'intelligence humaine. Tu as lu la Constitution ? D'abord, elle exclut des gens de la nationalité, et ensuite, après les avoir immolés, elle définit la nationalité. Chose curieuse, elle remet, comme par enchantement, les mêmes gens qu'elle venait de bannir dans la définition de la nationalité : « La nationalité congolaise est soit d'origine, soit d'acquisition individuelle. »

Pourquoi met-elle la charrue avant les bœufs ? Parce qu'elle s'inscrit dans la logique de soustraction, elle évite l'addition pour avoir la totalité de la mise. La théorie du plus petit commun multiple, PPCM, comparée à la réalité du plus grand commun diviseur, PGCD. La politique de la division à tout prix pour mieux régner.

— Comme au poker ?

— Oui, mais en pervertissant les règles de jeu.

« Kuenda ku bantu, nkuangula meji » : *Voyager de par le monde, c'est s'instruire.*[31] C'est un proverbe du Kasaï qui dit tout et qui nous explique la grandeur de l'Amérique du Nord.

— Explique, je suis curieux, la grandeur des États-Unis d'Amérique.

— Contrairement aux Congolais qui soustraient de leur nationalité des gens, les Américains eux additionnent les citoyens. C'est le sol et le drapeau qui définissent la citoyenneté américaine. Tu es né sur le sol américain, tu es américain. Ton corps a drapé les « Stars and Stripes », le drapeau national américain, tu es un des leurs, américain. En 1950, les États-Unis devaient rencontrer l'Angleterre dans un match de soccer, le football anglais. Un problème de taille s'était posé. Les États-Unis n'avaient pas une équipe compétitive. Ils constituèrent à la hâte une équipe de onze joueurs qui ne s'entraina qu'une seule fois ensemble, la veille du départ pour le Brésil. Trois joueurs qui n'étaient pas des citoyens américains furent ajoutés à la liste tout juste avant le match. L'un d'eux, Joe Gaetjens, originaire d'Haïti, fit remarquer son état au sélectionneur qui lui remit un maillot imprimé de *Stars and Strip pes*. « Voici ta citoyenneté américaine, mon gars. Ces Étoiles et ces Bandes sont plus grandes que ton nom sur cette liste », lui avait-il dit, peut-être, pas exactement en ces termes. Joe Gaetjens, « américain », marqua l'unique but du match qui fit entrer les États-Unis dans l'histoire de la Coupe du Monde de la FIFA. États-Unis 1 – 0 Angleterre, score final.

C'est l'état d'esprit d'addition qui prévaut aux États-Unis à chaque appel sous le drapeau lors des guerres. Les étudiants étrangers sont recrutés sur les campus et deviennent américains du fait de la guerre. Les petits ruisseaux font les grandes rivières.

CHAPITRE 5

LA DOUBLE NATIONALITÉ : UNE AFFAIRE EXCLUSIVEMENT POLITIQUE

À un problème politique, une solution politique. C'est la réponse à un problème de société qui fait d'un homme politique un homme d'État.

La diaspora congolaise n'a pas le droit de cité en République Démocratique du Congo. Ce droit n'est reconnu qu'aux seuls Congolais d'origine ou d'acquisition à qui la nationalité n'a pas été retirée du fait de la Constitution pour avoir acquis une autre citoyenneté.

Un « Congolais » de l'étranger est avant tout un être humain avant toute considération à caractère économique qui fait que même la Banque Mondiale en parle. 2,1 milliards de dollars américains par an soit 4% du PIB du pays, ce n'est pas modique.

« Muenyi muimpe ngwa kasaka », dit-on : *Un bon visiteur, c'est celui qui amène des provisions.* On déroule le tapis rouge et lui accommode raisonnablement le séjour. Et très souvent quand les provisions s'amenuisent, il se fond dans la masse.

Mais un autre proverbe utilisé par des vieux du village dit : « Wa ku bwenyi mwimpe, tshibi ku bashangi » : *quel que soit le temps de son séjour à l'étranger, un absent vaut mieux qu'un disparu*. Qu'importe les provisions, l'essentiel c'est le retour en vie et en santé.

L'économie ne fait pas l'homme, c'est l'homme qui fait l'économie.

Qui a envoyé les 2,1 milliards ? Qui est-il pour vous ? La question « qui » devrait être préoccupante plus que ce qui est fait.

— André ! Voici ce que je viens de voir l'internet. Avec une superficie de 2,345 millions km2, le Congo est le 11e État du monde par sa taille. C'est quatre fois la superficie de la France et quatre-vingts fois celle de la Belgique. Même le Québec ne fait pas le poids : le Congo est une fois et demie plus grand que la *Belle Province.*

Ça alors ! Avec une telle superficie, toutes les ressources naturelles, les mines, la forêt, des terres arables à perte de vue, des cours d'eau, dont le fleuve Congo, le Congo ne veut pas donner le droit de cité à quelques Congolais vivant à l'étranger ? Pour moi, c'est de la politique. La Constitution n'est qu'une échappatoire.

— Le Congo devrait se préoccuper plus de ressources humaines comme il le fait avec les ressources minières pour lesquelles il est qualifié de scandale géologique. Les minerais, le fleuve et la forêt équatoriale, c'est naturel.

Mais les Congolais, c'est humain. La grandeur du Congo viendra de l'inclusion de la diaspora dite congolaise dans les ressources humaines du pays. Imaginez toutes les expertises et toutes les expériences qui peuvent être mises à contributions pour le développement du pays et le bien-être des Congolais.

Ne pas avoir le droit de cité dans son pays d'origine où l'on contribue à plus de 4% au PIB soit plus que l'aide reçue internationale au développement est injuste. Même les bailleurs des fonds du Congo se demandent pourquoi le Congo exclut ses concitoyens conscients et consciencieux.

La diaspora « congolaise », un mariage de raison. On dirait que le Congo a besoin de l'argent de la diaspora et non de la diaspora. Une véritable dichotomie entre la raison et la passion.

— Ce n'est pas difficile à comprendre où est l'intérêt du Congo.

— « *Udia bulunda ne ndunga munene, wangata bana ba ndunga utapa.* »

— Explication, s'il te plaît. Mon tshiluba n'est pas à point.

— Le proverbe parle du comportement anormal d'un homme qui aime l'arbre adulte et qui rase les jeunes arbres. Si l'arbre adulte disparaît, il n'y aura plus d'arbre.

Ce problème de nationalité exclusive mine le pays depuis tellement longtemps qu'il est en passe de devenir éternel et donc normal. Un vice ne change pas de nature même avec le temps. Quelqu'un a dit : « Le vin se bonifie avec l'âge…

— Ce qui n'est pas du tout le cas de la bouteille qui le contient. » Je le sais. C'est Le Balaise Gregory Parrillo. Tu veux dire que la nationalité congolaise exclusive est un vice ? Mais qu'est-ce qui est vertu ?

— La double nationalité.

— Mais qui peut changer le vice en vertu ?

— Le peuple s'est choisi un Président, un Chef, pour trouver des solutions à ses problèmes. C'est à lui qu'il tourne ses yeux. Le peuple ne comprend pas que son fils qui lui a construit un hôpital, qui a bâti une école et qui lui envoie de quoi se nourrir ne soit plus Congolais. Pour lui, il est parti du Congo en tant que Congolais, il demeure Congolais comme ses ancêtres. « Mukoka wa mutshi mu mayi kawutu wandamuka ngandu. » Est-ce que le séjour d'un tronc d'arbre dans une rivière le transforme en crocodile ?

Les ancêtres ne trouvent pas cette mutation artificielle normale. Déconnecter un enfant de ses ancêtres, ce n'est ni licite ni moral. C'est illogique. C'est pourquoi ils ont tourné le dos aux Congolais. Dieu est du même avis que les ancêtres. Tant que les Congolais d'origine de la diaspora seront ségrégués et que les captifs que le Seigneur ramène ne seront pas accueillis, les endurcis du cœur s'éloigneront du visage de Dieu. Ils construiront des maisons qu'ils n'habiteront pas; ils planteront du maïs et du manioc qu'ils ne mangeront pas et ce qui sortira de leur sol fera l'objet du pillage.

— Qu'est-ce qu'il faut faire pour apaiser la colère des ancêtres ?

— Le peuple veut que son mandataire agisse. Il ne veut pas entendre des excuses de séparation des pouvoirs ni d'État de droit ni d'autres principes tirés de manuels et des traités de droit constitutionnel des régimes présidentiels, semi-présidentiels ou parlementaires.

Le peuple en a marre, et la diaspora de même. Tous ces théoriciens du droit et leurs acolytes qui fournissent au Chef des arguments et des excuses sont les mêmes qui vont lui demander le bilan. Ils seront les premiers à dire : qu'est-ce qu'on ne lui avait pas dit ?

Ce sera trop tard. « Kumanya maja ngoma mufwa » : *Savoir danser après le bris du tamtam.*

C'est le temps de l'action.

N'y avait-il pas de séparation des pouvoirs et des traités de droit en Afrique du Sud ? Les meilleurs et les grandes universités d'Afrique sont en Afrique du Sud et certaines d'entre elles figurent parmi les 500 premières du monde.

L'Afrique du Sud pouvait enseigner l'État de droit, les structures et la nature des régimes politiques à toute l'Afrique.

En tant qu'avocat, Nelson Mandela par son cursus universitaire connaissait bien les traités de droit ainsi que les lois de son pays. Mais il avait trouvé immorale la politique de la ségrégation raciale pratiquée par les autorités sud-africaines, l'apartheid qu'il a combattu jusqu'à faire 27 ans de prison.

La connaissance du droit ne peut servir que si le professionnel du droit poursuit un but moral et noble de l'intérêt général. Sans ce but, le juriste ne peut pas être un bon conseiller ou un avocat tout court. Les grands professeurs de droit ne sont pas tous de grands avocats ni de grands plaideurs. La doctrine ne fait pas jurisprudence.

Aussi surprenant que ça puisse être, les seuls endroits où l'on ne parle pas le droit, c'est dans les cabinets d'avocat et devant les cours et tribunaux. Le client paie l'avocat pour le défendre et non pour lui apprendre le droit. Devant les cours et tribunaux, le professionnel apprend à ses dépens qu'on apprend au juge le droit. Ce qui fait que l'avocat parle le droit à lui-même et à ses confrères. On appelle ça, la langue de bois.

Nelson Mandela, en bon avocat, n'a pas expliqué à son peuple les traités de droit et les régimes politiques. D'ailleurs, pour lui, le seul régime en Afrique du Sud était l'apartheid qu'il fallait abolir. Pour parvenir à anéantir l'apartheid, Madiba n'a pas eu recouru au droit constitutionnel sud-africain ni à la jurisprudence. Il a puisé la substance et l'énergie dans la sagesse africaine, *Ubuntu,* pour promouvoir la réconciliation nationale et faire de l'Afrique du Sud une nation arc-en-ciel.

La ségrégation raciale, tout comme la nationalité congolaise *une et exclusive*, ne peut pas se justifier humainement. L'Histoire de l'Humanité reconnaît la grandeur des hommes d'État qui ont mis fin à la ségrégation dans leurs pays. Leur liste n'est pas longue parce que la ségrégation est une exception et ils ne sont pas nombreux qui l'ont pratiquée ou qui la pratique encore. Les droits civiques sont des droits naturels.

S'agissant de la République Démocratique du Congo, le Président ne doit pas avoir peur de faire appel à la sagesse ancestrale bantoue, le Président-Maréchal Mobutu l'a fait avec sa politique de recours à l'Authenticité.

— Mais Mobutu est tombé !

— Exact, il est tombé. Ce n'est pas le recours à l'Authenticité qui a fait chuter Mobutu, mais son manque de discernement de la sagesse ancestrale. Il avait fait de la sagesse des ancêtres un slogan, il l'avait prise comme un outil de propagande, et non pour ce qu'elle était et qu'elle est, la boussole. Mobutu a pratiqué la politique de l'exclusivité de la nationalité ce qui est contraire à la sagesse ancestrale qui veut que les enfants des mêmes ancêtres se regroupent autour du feu sacré.

— Le Président n'a qu'à abolir la politique de la nationalité congolaise une et exclusive, c'est tout. Ainsi, tout le monde sera content et les ancêtres en même temps.

— Mais les juristes et les politicologues, de grands professeurs, qui ont transformé les services publics de l'État en laboratoire d'expérimentations de leurs sciences, disent au Président de ne pas toucher à la double nationalité, c'est doublement explosif, et qu'il faut passer des lois accommodantes sur la nationalité par le Parlement.

— Le Président de la République est une Institution. Tu sais ce qui est doublement explosif d'après moi ? Ce n'est pas la double nationalité. Ce sont eux les experts en tout genre qui vont se faire exploser. Te souviens-tu du proverbe que tu m'avais conté un jour de la digue qui se fissure et explose du fait de l'accumulation et de la pression de l'eau ?

— « Bitshinta bia kabumbula nkila » : *La digue ne peut pas résister éternellement à la pression exercée par l'eau.*

— Que dit le Président ?

— Comme le peuple, le souverain primaire, dont il est le mandataire, il ne peut pas concevoir que la diaspora congolaise soit mise à l'écart de la Nation congolaise dont elle est une composante, et ce, du fait de la Constitution.

Et pourtant, c'est pour elle que la disposition de la Constitution relative à la nationalité a été écrite. La nationalité congolaise est *soit d'origine* soit d'acquisition.

Le 17 novembre 2021, à l'ouverture du Premier Forum de la Diaspora congolaise organisé à Kinshasa sous le thème optimiste, inspirant et encourageant de « la Diaspora congolaise actrice du développement et de la lutte contre la pauvreté en République Démocratique du Congo », le Président de la République a réitéré sa volonté d'inclure la diaspora dans les stratégies de développement du pays. Il a été clair dans son discours : « *Mon objectif, en tant que Chef de l'État, est de mener notre pays vers l'adoption des lois sur la nationalité plus souples qui correspondent aux exigences du développement et de diversité du monde dans lequel nous vivons.* »[32]

De la double nationalité pour les Congolais de la diaspora aux lois souples sur la nationalité, qu'est-ce qui a changé ? Est-ce l'auditoire ou le discours ?

« Mukulu mwindila wakaditapa nsensu » : *le sauveur ne doit pas se blesser avec la hache de l'espérance.* La diaspora a placé tout son espoir au Président de la République pour la double nationalité.

Un proverbe malinké dit : « Mieux vaut donner peu que promettre ».

Le Président de la République se trouve à la croisée des chemins. C'est à l'intersession des routes du village que l'on se débarrasse de mauvais esprits.

Le Président doit, soit agir et abolir la politique de la nationalité congolaise une et exclusive, soit ne pas agir et ne pas toucher à la double nationalité avec des lois facilitant les Congolais de la diaspora à se mouvoir au Congo.

Le principe de l'exclusivité et de l'unicité de la nationalité a instauré un système de ségrégation et de discrimination au sein de la grande famille des Congolais, d'un côté, des citoyens congolais de l'intérieur qui ont tous les droits civiques et de l'autre, ceux de l'extérieur qui n'en ont aucun.

Ce n'est un problème à résoudre avec des demi-mesures, une solution radicale et définitive est de mise. Les Congolais de l'intérieur et leurs frères et sœurs de l'extérieur se regardent en chiens de faïence. La Constitution est une grande rivière qui sépare les deux communautés. Bâtir un pont pour relier les deux communautés est une solution efficace. C'est ce qui est en train d'être fait avec des mesures de facilitation, mais c'est une solution temporaire et non durable, un jour le pont peut se briser. Il y a heureusement deux autres solutions qui sont aussi efficaces et pérennes. Soit contourner la rivière soit la dessécher. Mais la rivière est utile aux riverains et à l'environnement. D'où le contournement que la Constitution prescrit pour éviter de disparaître.

Comme l'on ne peut demander aux eaux des pluies qui alimentent la rivière de lui trouver une solution de ne pas disparaître, la Constitution ne peut pas chercher sa survie au Parlement qui ne vit que de son existence.

La Constitution a prescrit des remèdes et a choisi un médecin pour les administrer : le Président de la République, lui et lui seul.

Les lois sur la nationalité, quelle que soit leur souplesse, plombent la double nationalité très chère au Chef de l'État dans l'aile.

Ne pas résoudre définitivement le problème de classification des citoyens congolais de l'intérieur et ceux de l'extérieur s'apparenterait facilement au système ségrégationniste d'autrefois qui avait institutionnalisé les discriminations et l'exclusion et qui avait contribué à la disgrâce de son bénéficiaire politique principal. Parmi les mesures ségrégationnistes les plus visibles furent l'exclusivité de la nationalité zaïroise et la politique de « quotas » pour soi-disant équilibrer l'accès des ressortissants de certaines provinces du pays dans l'Université Nationale du Zaïre et les instituts supérieurs, dans l'armée et dans les services étatiques. De la discrimination positive, disaient les conseillers. Je sais de quoi je parle. J'ai personnellement été victime de la politique de quotas. Beaucoup d'officiers et de sous-officiers ont été remerciés des Forces Armées Zaïroises, des militaires de carrière formés dans de grandes écoles militaires européennes et américaines, ce qui a fragilisé l'armée congolaise qui en porte des stigmates jusqu'à ce jour.

Un homme d'État français, Jacques Chirac, a dit: « La politique, c'est l'art de rendre possible, ce qui est nécessaire. »

La politique ce n'est jamais l'art d'éviter de commettre des erreurs. Un proverbe africain dit : « L'erreur n'annule pas la valeur de l'effort accompli. » C'est de ses erreurs qu'un meneur d'hommes apprend, c'est même le prix à payer par un homme politique pour devenir un homme d'État.

Homme politique, c'est le peuple qui le fait, mais homme d'État c'est l'homme lui-même qui se fait.

La double nationalité, c'est le seul chantier qui reste au Congo sur lequel un homme d'État peut se définir et s'affirmer.

— Il y a la guerre à l'est du pays et l'État de droit, ce sont aussi des chantiers majeurs, je te rappelle.

— Mais la guerre, le Président de la République ne l'a déclarée ni déclenchée. Et il ne la fait pas tout seul. Il la mène avec des généraux et des soldats.

Qu'il veuille proclamer l'État de siège, il sollicite l'aval du Parlement pour une durée. Et pendant que le Parlement parlemente, la guerre continue et les ennemis n'attendent pas l'issue des débats des députés pour nuire. Pourtant, le temps fait partie de l'art de la guerre.

L'État de droit doit, pour être crédible, se faire en dehors du pouvoir exécutif. Ce sont les cours et tribunaux voulus d'ailleurs indépendants qui s'en chargent. Très souvent, le Président de la République se plaint de l'état de la justice dans le pays. Il ne peut pas intervenir, le principe de l'indépendance des juges l'empêche de le faire.

Mais l'instauration de la double nationalité c'est lui qui en est le promoteur. C'est son bébé appelé à devenir son œuvre. C'est son combat de mettre fin à la ségrégation générée du reste par le Parlement et dont la diaspora est victime.

La Nationalité congolaise une et exclusive empêche le Président de monter une armée moderne efficace. L'instauration de double nationalité lui permettra de ratisser large. Des Congolais de la diaspora qui ont fait de grandes écoles de guerre et qui ont servi dans les armées de leurs pays de citoyenneté sont nombreux et peuvent s'enrôler dans l'armée congolaise pour se battre sur tous les fronts. Des gars solides faits forts aguerris aux techniques modernes de guerre.

— Qu'ils aillent s'enrôler !

— Ils ne peuvent pas. Ils sont des étrangers. L'armée des mercenaires, personne n'en veut.

— Est-ce qu'on les accepterait s'ils avaient la double nationalité ?

— Oui. Comme dans l'équipe nationale de football avec la règle FIFA sur les joueurs binationaux.

Que la doctrine et l'opposition laissent le Président de la République agir dans l'intérêt général et rendre la double nationalité possible, car elle est nécessaire pour son pays.

Laissez-le faire ce pour quoi le peuple l'a élu, trouver des solutions à ses problèmes. L'instauration de la double nationalité est son chantier. Il échoue, vous vous en donnerez à cœur joie et vous le clouerez au pilori.

Pierre Corneille a dit, et il a raison : « Les exemples vivants ont bien plus de pouvoir ; un prince dans un livre apprend mal son devoir. » (*Le cid*, Scène III, 1936)

— N'est-ce pas le même Corneille qui a dit : « Quand le bras a failli, l'on en punit la tête » ?

— C'est lui le Chef qui sera jugé et pas une personne autre. Il est la tête dont parle Corneille. La couronne se porte sur la tête et ne se tient pas sous le bras.

— Des fois et très souvent, c'est le cou qui indique à la tête la direction. Mais c'est à discrétion de la tête, ce n'est pas pour rien qu'on parle de la tête pensante et du bras qui obéit.

— Tu as raison. Je vois que le Congo est plein d'experts, mais on ne peut être expert que de ce qui existe. Qu'est-ce qui existe ? Une Constitution qui divise les Congolais et qui s'interprète de mille manières. Il faut des innovateurs qui peuvent souffler à la Constitution une dynamique révolutionnaire, révolutionnaire dans le sens géographique du terme qui peut faire bouger les lignes.

— L'instauration de la double nationalité universelle est un début de commencement des solutions à pas de problèmes de République Démocratique du Congo.

« Nansha ku tootoo, nansha ku ndandanda » : *tôt ou tard*, la diaspora congolaise aura sa double nationalité. La nationalité congolaise d'origine est un droit naturel fondamental inaliénable.

Le mal qu'un homme peut prendre pour conquérir un droit naturel inaliénable est à peine imaginable. Il partira de l'est à l'ouest, il parcourra de longues distances; il marchera des jours et des nuits; il traversera la forêt, les savanes et les rivières, la faim et la nourriture seront le cadet de ses soucis, et dans sa conquête il se fera des frères et sœurs, des amis et connaissances.

C'est le jour de sa victoire sur celui qui lui avait privé de son droit de cité longtemps qu'il mesure les peines et les souffrances endurées.

— Là, on dirait que tu parles de Laurent Désiré Kabila.

— Oui.

— J'ai tout lu sur lui dans Wikipédia.

— C'est ta seule source d'informations ?

— Oui. Il est mort assassiné dans son palais. On lui a même construit un mausolée.

— Et tu as cru parce que Wikipédia l'a dit ?

— As-tu une opinion contraire ?

— Quelle version veux-tu ? Tu es un ami, je ne peux rien te refuser.

— Ni celle de Wikipédia ni celle de monsieur Tout-le-Monde.

— Mais tu dois fermer les yeux pour voir clairement ce que je vais te raconter pour ne pas dormir debout. En tout être humain sommeille une voix susceptible à se traduire en un appel irrésistible que les religieux appellent vocation lorsqu'ils inscrivent de jeunes gens dans leurs séminaires pour devenir des prêtres.

Lorsque l'appel de Laurent Désiré Kabila s'est fait entendre et qu'il a fallu aller à la conquête de son droit de cité longtemps nié, il n'a pas pu résister. Il a propagé l'appel à des milliers de ses semblables et il a été écouté et suivi.

Une fois le droit de cité reconquis et devenu Président de la République, Mzee Laurent Désiré Kabila n'a plus entendu la voix et l'appel est devenu inaudible victime de la pollution sonore de Kinshasa. La balle fatale a fait de lui un héros et la longue marche de reconquête du droit de cité pour lui et ses semblables, une légende. Une légende est comme une rumeur, elle ne meurt jamais.

L'appel de la reconquête du droit naturel est fort chez tous les êtres qui respirent. Les saumons atlantiques retournent en eau douce, toujours guidés par l'instinct de regagner l'endroit où ils sont nés pour se reproduire et mourir. Sais-tu combien de saumons meurent lors de la remontée ?

— Franchement, je ne le sais pas. Il n'existe pas de statistiques à ce sujet.

— Dans un pays où l'on produit des statistiques de tout, cigarettes, bières, meurtres, chômeurs, retraités, poissons, viandes et autres articles de consommation, on ne peut pas dire combien de saumons meurent durant la remontée ?

Les Congolais de l'étranger sont comme des saumons atlantiques, nombreux mourront sans réussir à regagner la terre de leurs ancêtres, et personne ne sait combien ils sont. La Banque Mondiale et Kinshasa savent combien des milliards de dollars américains la diaspora envoie chaque année au pays, mais ne savent pas de qui est composée la diaspora et comment elle vit pour gagner les milliards qu'elle envoie.

Pauvre diaspora congolaise !

— C'est un problème sérieux, ce drame légal, identitaire, psychologique et émotionnel que vivent les Congolais de la diaspora, et dont la solution sans condition ne doit plus être remise aux calendes grecques. Comment certains des compatriotes peuvent-ils penser qu'il faut attendre quand on aura réuni toutes les conditions et su qui est qui ? Ainsi éviterait-on les inconvénients d'une double nationalité dont les ressortissants des pays voisins pourraient se prévaloir, disent-ils.

As-tu une idée de « quand » viendrait « on » ?

Je commence à être touché inconsciemment, peut-être non pas autant que toi, par ce problème de la diaspora congolaise.

— Ces pays voisins et leurs ressortissants seront toujours là voisins du Congo et cela ne doit pas empêcher aux Congolais d'origine déchus de leur nationalité d'origine à recouvrer leur citoyenneté. Les richesses du Congo ont toujours fait l'objet de convoitise de l'humanité entière. Doit-on attendre que l'on déplace les frontières ou que toutes les richesses du pays disparaissent ?

Un jour, le juge mettra sur les plateaux de sa balance les avantages de la double nationalité d'un côté et de l'autre les inconvénients, pour voir de quel côté penchera la balance de la justice, et il en tiendra compte dans sa détermination du critère de proportionnalité.

Qu'est-ce que le Congo perdrait avec l'instauration de la double nationalité universelle ?

CHAPITRE 6

L'INSTAURATION DE LA DOUBLE NATIONALITÉ

Si le roi qui a imposé le célibat dans son royaume se marie, le sujet réfléchit à deux fois pour demeurer sous l'emprise de l'édit royal. Le roi a-t-il trouvé que le célibat est improductif ? Les ancêtres disent : « Mushiki katu utempela lulelu » : *un célibataire ne consulte pas un devin pour engendrer.*

— J'ai compris. La Belgique a aboli la nationalité exclusive. Le Congo doit songer à ne pas persévérer dans l'erreur et doit même innover.

— Innover ?

— Oui, avec ses solutions propres au Congo tenant compte de la spécificité congolaise. La Belgique a légiféré sur la double nationalité, est-ce que sa loi est applicable au Congo ? La Belgique n'est pas le Congo.

— Le Congo, non plus, n'est pas la Belgique.

— Je ne te le fais pas dire. Le cas du Congo est différent du cas de la Belgique. Il s'agit des Congolais d'origine à qui l'on a nié la nationalité d'origine. Les Congolais sont des frères et sœurs d'une même famille, unis par le sort et dans l'effort pour l'indépendance, comme le souligne l'hymne national du Congo, un don béni des aïeux, qu'ils ont juré à léguer à leur postérité pour toujours. Ils ne peuvent pas être soumis aux procédures de naturalisation. Depuis quand quelqu'un peut-il perdre son origine ?

Des lois sur la nationalité ne sont pas une solution définitive du problème de la diaspora au Congo.

La double nationalité pour les Congolais d'origine de la diaspora n'est pas une naturalisation collective, mais un droit naturel fondamental et inaliénable à la reconnaissance de leur origine congolaise et de leur identité.

Ce droit naturel fondamental et inaliénable à la nationalité d'origine, la Constitution de la République Démocratique du Congo en a fait un problème politique. À un problème politique, une solution politique. Toute autre réponse même doctrinale serait inadéquate et génératrice des conflits.

Aucune loi sur la nationalité, quelle que soit sa formulation, ne peut résoudre le problème de double nationalité des Congolais d'origine qui ont perdu la nationali-

té du fait de la détention d'une autre nationalité avant sa promulgation.

— Je me suis permis de lire et de relire ta Constitution congolaise[33], celle qui est en vigueur, pour m'imaginer comment un citoyen lambda peut la comprendre.

— C'est merveilleux. Une lecture populaire de la Constitution, voici ce qui est souhaitable et idéal. Même si la Constitution n'a pas été écrite pour le peuple, elle a été néanmoins votée par le Parlement et promulguée par le Chef de l'État pour le peuple. Comme les chrétiens Sud-Américains, tu as fait de la *Théologie de libération*, une lecture populaire de l'évangile pour les pauvres, eux, pour qui les Évangiles ont été écrits.

— 229 articles auxquels il faut ajouter des exposés des motifs et un appendice. Que c'est savamment bien écrit et en très bon français technique de haut niveau intellectuel. Une véritable poupée russe, la matriochka : un enchevêtrement des poupées identiques, une poupée en cache une autre jusqu'à l'infini. Je vois pourquoi tu disais que par rapport à la Constitution congolaise la Constitution américaine est une cour de récréation.

— La Constitution des États-Unis d'Amérique est une femme mère qui décrit les douleurs d'enfantement alors que la Constitution de la République Démocratique du Congo est un véritable traité de médecine rédigé par des gynécologues et des généralistes qui ont pensé à tout, péridurale, césarienne, accouchement sans douleur, et jamais à la personne de la mère et l'enfant. La Constitution américaine est pratique. Tu es né aux États-Unis même si ton père est Africain, tu es un citoyen des États-Unis, tu as droit au rêve américain même à celui qu'avait fait Martin Luther King : « *I Have a Dream* ». Et tu peux devenir, qui sait, Président des États-Unis.

— Président Barack Obama[34] !

— La Constitution matérialise les douleurs. Tu as fait la guerre et tu t'es battu pour l'Amérique, tu es Américain, je fais un *Quatorzième Amendement* si le *Treizième* ne te sécurise pas. Sais-tu que malgré la grandeur des États-Unis et le nombre de ses habitants, il y a moins d'Américains dépossédés de la nationalité américaine que des Congolais à qui la nationalité congolaise est niée ?

— Une véritable excommunication. Il faut reconnaître que la Constitution congolaise demande un certain niveau d'études pour la lire et la comprendre.

— Elle a été traduite en langues nationales et distribuée à la population sur l'étendue du territoire national.

— « Traduttore, traitore » : traducteur, un traitre. La traduction trahit l'esprit et la lettre du texte original. Soit ! Dans cette Constitution, tout s'y trouve mêlé et entremêlé, on dirait que ses auteurs ne voulaient pas qu'elle soit comprise du tout. Il y a le Président, le Parlement, le Gouvernement, les Cours et Tribunaux, le tout avec majuscule, des institutions tellement bien agencées que le peuple n'y trouve pas son compte, lui, le souverain primaire.

— Le peuple se trouve dans le Président, il est élu au suffrage universel direct ; ce qui n'est pas le cas du Parlement, les députés sont élus au suffrage direct de leurs circonscriptions électorales et les sénateurs au suffrage indirect. Le souverain primaire a fait du Président son mandataire, et des députés et des sénateurs, les défenseurs de ses intérêts.

— C'est ce qu'ils disent, mais en réalité ce n'est pas ça. Tiens ! Le Président est le Chef de l'État. Il est le mandataire du peuple, le souverain primaire.

— Et alors ?

— Et alors ? Il peut régler le problème de double nationalité au nom et pour le compte du peuple dont il est le mandataire, et ce, sans références ni procuration. Certes, il n'est pas le « dieu » du peuple comme Mobutu prétendait l'être. Il a une mission, un pouvoir défini par la Constitution qui est la loi du peuple. Et la Constitution a prévu des pistes de sortie et les facultés d'exercice du pouvoir présidentiel.

— S'il le fait, il sera traité de dictateur et de despote.

— Traité de dictateur et de despote par qui ? Pas par le souverain primaire.

— Pas par le peuple, mais par la doctrine et par l'opposition. La doctrine va lui opposer le droit, la séparation des pouvoirs et l'État de droit. L'opposition quant à elle ne voudra pas que ça soit le Président qui instaure la double nationalité parce que, s'imagine-t-elle à tort ou à raison, il peut en tirer un grand dividende politique. Le Président de la République doit alors maîtriser l'art de parfait funambule de savoir se tenir debout et marcher sur la dangereuse corde d'équilibrisme que lui a tendue la Constitution en se servant uniquement de l'intérêt général de la population. La Constitution a fait entre autres de lui une partie prenante du pouvoir législatif en lui prescrivant de statuer par ordonnance et de promulguer des lois.

— C'est alors une question de politique ?

— Depuis 1960, depuis 61 ans, la nationalité congolaise a été et demeure politisée par tous les acteurs politiques qui se sont succédé à la tête du Congo. La nationalité congolaise exclusive est devenue la norme de la société congolaise.

En 1960, nous avons trouvé la nationalité exclusive normale. Si elle ne l'était pas, le Royaume de Belgique, la puissance coloniale, ne l'aurait pas insérée dans sa législation. Un genre d'inculturation politique, pure et simple, qui demeure jusqu'à ces jours, et ce, même après que la Belgique a instauré la double nationalité avec sa loi du 27 décembre 2006, comme quoi, pour les Belges, il n'est pas tard pour mieux faire.

En1965, Mobutu s'approprie le principe de la nationalité exclusive et l'institutionnalise. Le Président de la République tient à faire savoir : « qui au Zaïre est Zaïrois et qui ne l'est pas ». On est Zaïrois depuis le ventre de sa mère. On naît Zaïrois, on grandit Zaïrois et l'on meurt Zaïrois. Le Zaïrois est citoyen du Zaïre et le demeure. L'article 2 de la loi zaïroise sur la nationalité précise de 1972 : « Le Zaïrois ne peut posséder qu'une seule nationalité ». Et c'est l'article premier de la loi de 1981 qui a légué pour la prospérité la formule actuelle : « La nationalité zaïroise est une et exclusive. Elle ne peut être détenue concurremment avec une autre nationalité. » Ce credo est repris dans l'Acte constitutionnel de la Transition de 1994.

Mises à part toutes les considérations du mobutisme, le Maréchal-président avait une interprétation machiavélienne de la territorialité de la nationalité zaïroise exclusive qui aurait pu faire école ou doctrine s'il avait formellement légiféré. D'après lui, je paraphrase : « Vous naissez Zaïrois et vous mourrez Zaïrois, et si par hasard vous avez acquis au passage une nationalité étrangère, vous ne pouvez pas vous en prévaloir au Zaïre. Si vous transgressez les lois de l'État, vous manquez de respect au Chef de l'État, nous vous punissons en tant que Zaïrois. Nul oncle (étranger) ne peut venir prétendre que vous n'êtes pas Zaïrois. » Tout compte fait, cette conception territoriale de la nationalité *exclusive* aurait des avantages juridiques en ce sens qu'elle reconnaît somme toute l'inaliénabilité de la nationalité zaïroise d'origine.

En 1997, la nationalité congolaise exclusive est suspendue. Les Congolais d'origine qui ont accompagné le nouveau régime ne se sont pas vus reprocher leur détention des nationalités étrangères. Cette tolérance de la double nationalité a duré même après l'assassinat du Président Mzee Kabila.

En 2001, la double nationalité redevient taboue. Lors du Dialogue Inter-Congolais de Sun City en Afrique du Sud de 2002, les belligérants, obsédés par le pouvoir politique, ainsi que la société civile avaient décidé de reléguer ce problème aux calendes grecques. Ils se sont commandé une Constitution devant enterrer la hache de guerre et ont salué leur paix des braves avec un compromis politique d'un pouvoir exécutif inédit, 1 + 4, un président plus quatre vice-présidents. La loi de 2004 sur la nationalité souligne le caractère exclusif de la nationalité congolaise en RDC « où la collectivité des citoyens demeure un facteur d'inclusion à l'intérieur du pays. » (Sic !)

En 2006, une Constitution reprenant in extenso la formule de Mobutu fut votée par un Parlement de transition et promulguée par le Président Joseph Kabila : « La nationalité congolaise est une et exclusive. Elle ne peut être détenue concurremment avec une autre nationalité. »

— Je vois pourquoi tu dis que la nationalité congolaise exclusive est une matière exclusivement politique, tout comme l'est la double nationalité. À la question politique, une réponse politique. Le Président doit agir. Qu'on le taxe de dictature ou de despotisme, il doit résoudre cet épineux problème de double nationalité. Mieux vaut être jugé pour ce qu'on a fait qu'être blâmé pour ce qu'on n'a pas fait.

— Tu deviens philosophe, mon ami.

— Ce n'est pas de la philosophie, c'est de la *réalpolitik* intérieure. Il faut s'adapter aux circonstances, sans tenir compte de principes et de règles de convenance.

— En Afrique, on dit : « Quand les circonstances l'obligent, le beau-père peut aider sa bru à accoucher. »

— J'aime ça.

— Certains enfants décident de venir au monde quand on ne les attend pas. Si tout le monde est parti aux champs, et que les seuls adultes restés au village sont le beau-père et sa bru en train d'accoucher, ce ne sont pas les mânes des ancêtres qui interviendront pour couper le cordon ombilical.

— Le Président de la République peut-il, oui ou non, abolir la politique de la nationalité congolaise exclusive et instaurer la double nationalité ?

— Oui.

— Explique-moi comme à un enfant de sept ans.

Les auteurs de la Constitution actuelle de la République Démocratique du Congo y ont inséré des pièges qui donnent les pleins pouvoirs au Président de la main droite et qui les lui en retirent en même temps de la main gauche. Les prérogatives du Chef de l'État sont énormes, mais il ne peut les exercer qu'avec l'autorisation ou par le biais du pouvoir législatif. Il est le garant de la Constitution et il veille au respect de celle-ci, mais c'est la Cour Constitutionnelle qui se charge du contrôle de la constitutionnalité des lois et des actes ayant force de loi.

Toutefois, le Président de la République est le seul constitutionnellement compétent et capable de dire ce que le peuple et la diaspora attendent de lui : « La nationalité congolaise d'origine est un droit naturel fondamental et inaliénable, et ne se perd pas ». Un point et un trait. Il a été élu Président au suffrage universel direct et Chef de l'État, mandataire du souverain primaire, pour trouver des solutions aux problèmes du peuple et non de les lui expliquer ou d'en discourir. Celui qui souffre connaît sa souffrance. Une mère connaît les douleurs d'enfantement.

— Qu'il le fasse, bon sang. Il sera celui qui aura ramené les captifs. Le peuple lui sera reconnaissant et se souviendra de son acte chaque fois que l'occasion se présentera, surtout au moment de se choisir à nouveau un Chef.

— Le Président peut se servir de la Constitution, la doctrine le soutiendra et la jurisprudence ne le contredira pas. L'instauration de la double nationalité lui permettra d'assurer le fonctionnement régulier des pouvoirs et des institutions ainsi que la continuité de l'État, c'est la seule preuve à l'état pur du possible État de droit et de la matérialisation de la séparation des pouvoirs prônés par la Constitution.

— Est-ce possible de se servir de la Constitution pour instaurer la double nationalité ? J'ai lu et relu la Constitution, elle est truffée de pièges et d'attrape-nigauds. Il y a trop de détails. On dirait que les rédacteurs voulaient faire un cours de droit constitutionnel aux Congolais.

— Le diable réside dans les détails, dit-on. Tu sais comment le Trésor américain forme ses agents pour détecter de faux billets de banque ?

— Je le sais. C'est toi qui me l'avais dit. Il ne leur fait palper que de vrais billets pendant des jours et des jours. Après la formation, ils seront capables de reconnaître de faux billets.

— Dans les églises congolaises, les pasteurs parlent toujours plus du diable et de ses ruses, et le Bon Dieu peut se manifester, les fidèles ne le reconnaîtront pas. Ne faisons pas attention aux détails. Concentrons-nous uniquement sur les dispositions que nous offre la Constitution pour arriver à l'instauration de la double nationalité sans la moindre modification constitutionnelle.

La Constitution congolaise qui est à l'origine de tous les maux a prévu aussi des remèdes.

« Basokoka mwana munyinyi mu bidia »: *la viande est cachée dans le foufou.* Tout est dans la Constitution : la maladie et la prescription.

La double nationalité peut être instaurée en République Démocratique du Congo en se servant de la Constitution sans la modifier. Les prérogatives législatives du Président de la République prescrites par la Constitution peuvent contribuer au succès de l'opération.

Une « loi omnibus » est nécessaire pour abolir l'unicité et l'exclusivité de la nationalité congolaise, ce qu'une loi sur la nationalité n'est pas.

— Une loi omnibus ?

— Oui, une loi passepartout, une loi pouvant modifier ou abroger d'autres lois. Pour instaurer la double nationalité au Congo, il faut un acte ayant force de loi qui rend ***inopérante*** la disposition de l'article 10 de la Constitution qui a prescrit l'unicité et l'exclusivité de la nationalité congolaise, et ce, sans trop attendre. « Zela zela mokomboso anzanga mokila », dit-on en lingala : *Pour avoir trop attendu, le chimpanzé manqua de queue.*

Un proverbe du Ghana dit : « Un oiseau qui reste longtemps sur l'arbre attire l'attention des lanceurs de pierres ». La nationalité congolaise exclusive a fait son temps dans le paysage politique du Congo. Elle est inscrite en caractère gras dans l'ADN de la société congolaise et est en train de devenir la marque de commerce de la République Démocratique du Congo. Deux Présidents congolais, Joseph Kabila Kabange et Antoine-Félix Tshisekedi Tshilombo, l'ont trouvée en venant au monde. Le premier (Joseph Kabila) a cru que la *nationalité une et exclusive* était une marque déposée de la politique congolaise et a promulgué une Constitution qui la constitutionnalise. Et le second (Antoine-Félix Tshisekedi) ayant été témoin oculaire de méfaits de la disposition injuste de la Constitution qui a ostracisé plus 5.000.000 de Congolais de la diaspora s'en dit offusqué et indigné ; pour lui, ces bannis du pays de leurs ancêtres ne sont pas moins Congolais que leurs frères et sœurs restés au pays. Tout compte fait, une bonne majorité des Congolais se trouve dans cette catégorie des nés-après-1960.

La nationalité congolaise d'origine ne se perd pas.

Le Président de la République a plusieurs cordes à son arc toutes tirées de la Constitution pour arriver à bout de la politique de la nationalité congolaise exclusive et dire que *la nationalité congolaise d'origine ne se perd pas*. Il peut, notamment : *édicter une ordonnance, faire un recours en interprétation de la Constitution à la Cour constitutionnelle* ou *prendre l'initiative d'une loi* ou encore *l'initiative de la révision constitutionnelle* que personne ne souhaite pour le moment.

Mais pour le droit naturel inaliénable de la reconnaissance de la nationalité congolaise d'origine que demande la diaspora et que le Président veut lui accorder avec l'instauration de la double nationalité universelle, la voie présidentielle est préférable à la voie législative.

— Explique, mon ami.

— Je vais t'expliquer comme si tu étais un enfant de sept ans. Les actes du Président peuvent rétroagir ce que les lois par principe ne peuvent pas faire. Le Président de la République assure *la continuité de l'État* alors que la loi du Parlement ne dispose que pour l'avenir, elle n'a point d'effet rétroactif. C'est la règle de non-rétroactivité des lois.

— Est-ce la Constitution qui dit ça ?

— Oui, Monsieur. Regarde ce que dit le législateur à l'article 69 de la Constitution :

« Le Président de la République est le Chef de l'État. Il représente la nation et il est le symbole de l'unité nationale.
« Il veille au respect de la Constitution.
« Il assure, par son arbitrage, le fonctionnement régulier des pouvoirs publics et des Institutions ainsi que la continuité de l'État. Il est le garant de l'indépendance nationale, de l'intégrité du territoire, de la souveraineté nationale et du respect des traités et accords internationaux. »

— Si je te dis que je n'ai pas compris, je te mens. Mais parle-moi de la *non-rétroactivité*. Tu veux dire que le Parlement peut tout faire, sauf dire que sa loi peut régir les situations antérieures à son entrée en vigueur ?

— Sauf s'il s'agit d'une loi est interprétative qui vient préciser le sens d'une loi existante. Si sa loi a pour conséquence la modification d'un texte déjà existant, le Parlement ne peut pas le faire. En tout état de cause, la loi interprétative ne peut pas rétroagir au-delà de la disposition légale ou de la loi qu'elle interprète.

C'est le cas des Belges. La loi instaurant la double nationalité n'a pas d'effet rétroactif, car elle modifie une loi préexistante. Le Belge qui avait perdu sa nationalité doit passer par une procédure de réintégration par voie judiciaire. Ce que la Belgique peut matériellement se permettre eu égard au nombre des Belges qui avaient perdu la nationalité et le nombre des juges pour les entendre.

D'où la spécificité distincte du cas congolais qui requiert de l'innovation et de la réalpolitique.

La double nationalité congolaise n'est pas une naturalisation collective.

Ce que la diaspora demande n'est pas une naturalisation. Les Congolais d'origine n'ont pas changé de nature pour qu'on leur applique la naturalisation afin de redevenir ce qu'ils ont toujours été et qu'ils n'ont jamais cessé d'être : Congolais d'origine.

S'agissant de la nationalité congolaise exclusive, le Parlement ne peut que procéder par la modification de la disposition en question ou la retirer de la Constitution, ce qui n'aurait pas servi la cause de la diaspora du fait de la sacrosainte règle de non-rétroactivité des lois. Il ne peut pas passer par l'interprétation de son texte obscur pour en éclaircir le sens ni directement ni par voie de conséquence. Toutes ses lois auxquelles il se réfère reprennent le credo : « La nationalité congolaise est une et exclusive. Elle ne peut être détenue concurremment avec aucune autre. »

Tant mieux pour la diaspora puisque si les constituants de 2006 avaient aboli l'exclusivité et l'unicité de la nationalité congolaise, cet acte n'aurait pu concerner que les Congolais d'origine ayant perdu la nationalité congolaise à partir de la date de la promulgation de la Constitution soit le 18 février 2006. Et les autres devraient procéder par la naturalisation. Néanmoins, la double nationalité aurait pu être établie. Hélas !

Le Parlement ne peut pas se contredire ni aller à l'encontre de ses propres textes et de ses principes.

— J'ai vu beaucoup de belles initiatives citoyennes au Congo des personnes qui veulent modifier la loi pour inclure les membres de la diaspora qui ont perdu la nationalité congolaise du fait de la détention d'une autre nationalité. Qu'en penses-tu ?

— Je leur dis : bonne chance. Si ces personnes arrivent à instaurer la double nationalité universelle, je serai franchement ravi, car j'en serai l'heureux bénéficiaire.

Toutes les lois organiques sur la nationalité congolaise sont bien pensées et rédigées en respect des règles en la matière. Elles se réfèrent toutes à la Constitution et répètent toutes in extenso le texte constitutionnel relatif à la nationalité congolaise une et exclusive.

— Pourquoi font-elles cela ? Eclaire ma lanterne.

— Elles veulent corriger une erreur fondamentale de la Constitution. La Constitution s'est comportée comme si elle était une loi organique. Elle ne s'est pas limitée à l'existence et à la définition de la nationalité, elle a organisé celle-ci et prononcé la peine qu'encourt celui qui ne se conforme pas à ses règles. Il ne faut pas un juriste ou un étudiant en droit pour s'apercevoir que la Constitution a tout organisé et tout prévu et qu'elle s'est passée de la loi organique.

La question que je te pose est : les initiatives citoyennes des propositions des lois sur la nationalité visent-elles la loi organique ou la Constitution de la République Démocratique du Congo ? Si c'est la loi, elles doivent se conformer à la Constitution, et si c'est la Constitution, elles doivent en demander la modification.

— Revenons aux cordes de l'arc du Président ou plutôt aux flèches qui sont dans son carquois. Il peut se faire l'oiseau qui n'a que trop perduré sur l'arbre, n'est-ce pas ? Et pour toi qui as fait la théologie, est-ce exactement comme la pierre dont disposait David dans son combat avec Goliath ?

— Les cordes à l'arc du Président de la République sont multiples. Mais pour l'instauration de la double nationalité universelle, je me limiterai à deux procédures : l'édiction d'une ordonnance et le recours présidentiel en interprétation.

On dirait que tu étais inspiré en prenant l'exemple de David. T'en souviens-tu que David ait refusé d'utiliser l'armure royale de Saül qui semblait pourtant efficace pour terrasser Goliath ? *1 Samuel 17 : 39* : « David ceignit l'épée de Saül par-dessus ses habits, et voulut marcher, car il n'avait pas encore essayé. Mais il dit à Saül : Je ne puis pas marcher avec cette armure, je n'y suis pas accoutumé. Et il s'en débarrassa. »

« Liboke ya moninga basombelaka yango kwanga te » : *dans toutes circonstances de la vie, il faut compter sur soi et sur ses propres moyens.* L'accent ici sera mis sur les procédures pour lesquelles le Président n'a pas besoin de passer par le Parlement pour instaurer la double nationalité universelle.

De l'ordonnance présidentielle pour l'instauration de la double nationalité en République Démocratique du Congo.

Le Président de la République s'est exprimé à maintes reprises à propos de la nationalité congolaise et de la double nationalité pour mettre fin à l'exclusion de la diaspora des Congolais du fait de l'acquisition d'une nationalité étrangère.

Les discours du Président à la diaspora et même aux députés de la majorité membre de l'Union Sacrée de la Nation ne peuvent pas résoudre le problème de double nationalité. La Constitution n'a prévu que le discours du Président de la République sur l'état de la Nation à prononcer, une fois l'an, devant l'Assemblée nationale et le Sénat réunis en Congrès, lequel discours du reste n'a pas force de loi. L'époque où la parole du président avait force de loi et l'autorité de chose jugée est dépassée.

D'après la Constitution congolaise, le Président de la République *statue par voie d'ordonnance.*[35] Cette attribution législative est salutaire pour l'instauration de la double nationalité universelle et non limitée dans le temps.

Par voie d'ordonnance, le Président de la République a le droit constitutionnel de statuer sur l'instauration de la double nationalité et l'inaliénabilité de la nationalité congolaise d'origine en statuant notamment : ***la nationalité congolaise d'origine est un droit naturel fondamental et inaliénable, et ne se perd pas.***

Le Président de la République étant la seule Institution constitutionnelle qui assure la continuité de l'État, son ordonnance s'applique à l'État congolais et ses effets sont universels, rétroactifs et sans limites dans le temps. Le principe de la continuité de l'État veut que l'existence de l'État soit permanente, continuelle et ne s'interrompe pas. La nature et l'essence de l'État font qu'il est intimement lié au territoire et à la nation. L'idée de sa disparition a de lourdes conséquences et des effets néfastes en droit.

Au sens matériel, l'ordonnance du Président de la République est une loi, une loi d'État, qui s'applique à l'État que le principe de la continuité veut perpétuel, permanent et continuel.

— Veux-tu dire que l'ordonnance du Président de la République statuant que la nationalité congolaise d'origine ne se perd pas serait inattaquable ?

— Comme tout acte ayant force de loi, l'ordonnance présidentielle est attaquable. Le Président de la République est Chef de l'État, cela ne signifie pas qu'il est au dessus de l'État. Ses actes sont attaquables. La Constitution a prévu des voies de recours. C'est l'État de droit, nul n'est au-dessus de la loi, la séparation des pouvoirs est là pour veiller à tout.

— En voici qui atténuent les espoirs de la diaspora. Je suis sûr que l'opposition va s'en donner à cœur joie, crier au scandale et dire que l'ordonnance du Président de la République n'est pas constitutionnelle.

— L'opposition même parlementaire ne peut pas se substituer aux Cours et Tribunaux. La Constitution a fait de la Cour constitutionnelle le seul juge constitutionnel en République Démocratique du Congo.[36] C'est elle qui est *chargée du contrôle de la constitutionnalité des lois et des actes ayant force de loi.*

Avec l'ordonnance instaurant la double nationalité, le Président de la République coupe l'herbe aux pieds de l'opposition. Au Congo, la diaspora est la seule cause pour laquelle une journée ville-morte déclarée sera observée dans le pays. Nul opposant, nulle famille, nul clan, nulle ethnie, ne peut prétendre ne pas avoir en son sein un membre de la diaspora. « Que celui d'entre vous qui n'a jamais commis un péché lui jette la première pierre». Évangile de Jean chapitre 8, verset 7. Ils étaient tous repartis. Si l'on dit aujourd'hui que tout citoyen congolais ayant un parent étranger quitte le Congo, on n'attendra que le bruit assourdissant du silence.

— Le fils-ainé qui s'était opposé au retour de l'enfant prodigue n'était-il pas de la maison ?

— Mais le père l'a convaincu d'accepter son frère perdu qui était revenu. C'est le rôle que jouera la Cour constitutionnelle. Un proverbe africain ne dit-il pas que *lorsqu'il n'y a pas d'ennemis à l'intérieur, les ennemis à l'extérieur ne peuvent pas vous atteindre ?* L'extérieur aussi souhaite le retour de la diaspora au pays d'origine. Les États-Unis encouragent les Citoyens américains d'origine africaine à participer au développement de leur pays d'origine.

— Et qu'advient-il si malgré tout, quelqu'un attaque l'ordonnance du Chef de l'État ? Le problème de la nationalité congolaise exclusive étant un problème politique par essence, un opposant peut, estimant que sa solution par l'instauration de la double nationalité risque de profiter au Président de la République, faire un recours. Un opposant s'oppose à tout. C'est dans sa nature de s'opposer.

— C'est son droit constitutionnel.[37] La Constitution congolaise dit que « *Toute personne peut saisir la Cour constitutionnelle pour inconstitutionnalité de tout acte législatif ou réglementaire.* »

La Cour constitutionnelle entendra la cause sur la constitutionnalité de l'ordonnance du Président de la République, c'est un acte ayant force de loi.

Envisageons tous les cas de figure. Soit, la Cour reçoit la requête de l'opposant et la rejette pour défaut de qualité. Soit, la Cour reçoit la requête, la déclare recevable, mais la dit non fondée. Soit, la Cour reçoit la requête, mais se déclare matériellement incompétente. Soit, la Cour dit la requête recevable et fondée et déclare inconstitutionnelle l'ordonnance du Président de la République.

— Et ça, pour n'arriver qu'à ça ? Les arrêts de la Cour constitutionnelle ne sont pas susceptibles d'aucun recours.[38]

— Non, tu ne peux pas dire ça.

Le juge constitutionnel est différent des autres juges. Son jugement étant final et non susceptible d'aucun recours, il doit s'assurer de tous les contours de la constitutionnalité. La Cour constitutionnelle est instituée par la Constitution et est chargée du contrôle de la constitutionnalité des lois et des actes ayant force de loi.

Le contrôle de la constitutionnalité est une mission tellement délicate pour la vie de l'État et de la Nation que, dans des pays où la primauté des droits humains est la règle, le juge constitutionnel doit examiner, avant de rendre son arrêt, si la violation de la Constitution est justifiée. C'est le prix à payer par le juge de constitutionnalité pour que son jugement final rassure le peuple et pousse à croire qu'il est rendu dans l'intérêt général et le respect des droits de la personne humaine. Toute omission d'examiner si l'acte incriminé est justifié ou justifiable s'apparente à un déni de justice. Contraire à ce que plus d'un pense, on ne demande pas à la justice d'être juste, plutôt d'avoir l'apparence de justice.

Il est évident que le juge constitutionnel est le seul juge qui peut rendre une disposition constitutionnelle temporairement *inopérante* et renvoyer les constituants à leur devoir.

— Là, mon ami, ça devient très technique ton affaire. Explique-moi sur quoi ton juge constitutionnel va se baser pour examiner si la violation est justifiée.

— Sur des critères découlant du droit, des principes de droit ainsi que du bon sens commun.

Supposons que l'ordonnance du Président de la République aurait violé la Constitution, il faut faire la démonstration de la prétendue violation en répondant à un tas des questions que les plaideurs ne vont pas s'empêcher de poser. Le Président a-t-il ***le droit de statuer par ordonnance ?*** En quoi l'ordonnance du Président de la République qui statuerait que la nationalité congolaise d'origine ne se perd pas violerait-elle la Constitution ?

Si par miracle, on arrive à retenir qu'il y aurait eu une violation, il faut dans ce cas faire la démonstration que celle-ci n'est pas justifiée ou ne peut pas être justifiée.

1) Est-ce que le Président a violé son serment constitutionnel ***de ne se laisser guider que par l'intérêt général et le respect des droits de la personne humaine ?***[39]

2) L'ordonnance du Président poursuit-il l'intérêt général ?

3) Respecte-t-elle les droits humains ?

4) Contribue-t-elle à la promotion du bien commun ?

5) L'ordonnance a-t-elle des effets préjudiciables ? Lesquels ?

6) A-t-elle des effets bénéfiques pour le pays ? Contribue-t-elle à la crédibilité internationale du pays ?

Ce ne sont là que quelques questions dont les réponses ne peuvent que faire pencher la balance de la justice en faveur de l'ordonnance du Président de la République.

L'ordonnance du Président de la République *vise l'intérêt général et est bénéfique sur le plan humain et sur plan économique*.

On ne peut pas prétendre être un pays respectant les droits de la personne humaine et ayant ratifié des traités internationaux en matière des droits humains notamment la *Déclaration Universelle des Droits de l'Homme* et bafouer le droit naturel fondamental inaliénable de ses concitoyens à la reconnaissance de la nationalité congolaise d'origine. Les droits civiques sont des droits humains. Les Congolais d'origine détenteurs d'une nationalité étrangère ainsi que leurs descendants sont dépossédés de leurs droits civiques. La République Démocratique du Congo est parmi les rares pays au monde, qui n'acceptent pas la double nationalité, à côté de la Chine, du Yémen, de l'Éthiopie, du Burundi, des Emirats arabes unis, du Kenya, du Népal, du Niger et de l'Ukraine.

L'affection des Étrangers d'origine congolaise pour leur pays d'origine, pays de leurs ancêtres, est tellement grande qu'il faut être inhumain pour leur empêcher continuellement le droit de cité. Le nombre des demandes des visas pour le Congo de ces « Étrangers » est impressionnant, il suffit d'observer le guichet qui leur est réservé à l'Aéroport de Kinshasa-Ndjili et à l'Aéroport International de la Luano à Lubumbashi, pour ne citer que ces deux postes frontaliers.

Sur le plan économique, la diaspora participe activement au développement du pays avec des investissements propres et son transfert de fonds atteint chaque année environ 2,1 milliards de dollars américains selon les chiffres officiels. En Afrique francophone, la diaspora de la République Démocratique du Congo occupe le deuxième rang en transferts des fonds vers le pays, malgré la négation de la nationalité congolaise, à ses membres après le Sénégal, un pays qui accepte la double nationalité.

Les apports des Congolais de l'étranger, non-citoyens congolais du fait de la détention d'une autre nationalité, sont nombreux, et ce, dans les domaines de la vie sociale, culturelle et économique du pays, notamment la santé, l'éducation et les sports.

Outre les transferts d'argent qu'ils font aujourd'hui d'eux-mêmes, au Congo, et qui peuvent doubler ou tripler s'ils se sentaient sécurisés comme les autres citoyens congolais, ils contribueraient à l'élargissement de l'assiette fiscale du Congo directement ou indirectement. Le Congo pourrait passer des accords fiscaux avec certains pays sur la double imposition. Le nombre des contribuables congolais augmenterait. En tant que citoyens congolais, ils seront attirés par la concession immobilière perpétuelle, ce qui augmentera les recettes domaniales.

Qu'est-ce que le Congo perd avec l'instauration de la double nationalité ? Tout le monde est en droit de se poser cette question.

Cela dit, l'ordonnance du Président de la République sur l'inaliénabilité de la nationalité congolaise d'origine est éditée dans l'intérêt général et dans le respect des droits humains. Son apport dans la vie sociale et économique est bénéfique. C'est une ordonnance pleine d'humanité. Elle est juste et son édiction, justifiée.

L'ordonnance du Président de la République étant déclarée conforme à la Constitution par la Cour constitutionnelle acquiert ainsi l'autorité de chose jugée et par conséquent est opposable à tous, y compris à l'État.

Surabondant, s'il avait été plaidé que l'ordonnance du Président violerait la disposition de l'article10 de la Constitution, ce qui n'est pas le cas parce que l'ordonnance ne tend pas à modifier celle-ci, la Cour constitutionnelle déclarera la disposition concernée ***inopérante*** jusqu'au vote d'une nouvelle disposition.

— Je sais qu'ici au Canada et aux États-Unis la Cour Suprême vérifie en cas d'inconstitutionnalité si la violation est justifiée, et le cas échéant déclarée inopérante une disposition constitutionnelle. Est-ce que c'est la même chose au Congo ?

— Elle est pertinente ta question. Tu deviens juriste à ce que je vois.

— Je suis à la bonne école. Tu me parles tout le temps du Congo et du droit. Avec toi, je ne suis pas obligé d'aller au Congo pour savoir qu'il y a la gratuité de l'enseignement garantie ou que les travaux de cent jours n'ont pas été finis en cent jours. Je ne suis pas non plus obligé de faire mon droit pour savoir ce que c'est le *de cujus* ou à quoi ressemble un pourvoi en cassation.

— La Cour constitutionnelle au Congo est récente, mais la matière constitutionnelle était de la compétence de la Cour Suprême de Justice. Il doit y avoir une jurisprudence sur la justification de l'inconstitutionnalité et sur la déclaration des dispositions constitutionnelles inopérantes. Dans le cas contraire, la Cour doit se référer à la doctrine et aux jurisprudences des autres pays, pour éviter le déni de justice. Un principe de droit dit que le juge qui refusera de juger, sous prétexte du silence, de l'obscurité ou de l'insuffisance de la loi, pourra être poursuivi comme coupable de déni de justice. Ce qu'aucun juge ne voudra.

Le recours présidentiel en interprétation de la Constitution devant la Cour constitutionnelle.

La Constitution congolaise prescrit que « la Cour constitutionnelle connaît des recours en interprétation de la Constitution sur saisine du Président de la République, du Gouvernement, du Président du Sénat, du Président de l'Assemblée nationale, d'un dixième des membres de chacune des Chambres parlementaires, des Gouverneurs de province et des Présidents des Assemblées provinciales. »[40]

Le Président de la République peut faire un recours en interprétation de l'article 10 de la Constitution qui dispose :

« La nationalité congolaise est une et exclusive. Elle ne peut être détenue concurremment avec aucune autre.

« La nationalité congolaise est soit d'origine, soit d'acquisition individuelle.

« Est Congolais d'origine, toute personne appartenant aux groupes ethniques dont les personnes et le territoire constituaient ce qui est devenu le Congo (présentement la République démocratique du Congo) à l'indépendance.

« Une loi organique détermine les conditions de reconnaissance, d'acquisition, de perte et de recouvrement de la nationalité congolaise. »

Cet article de la Constitution est, à tous égards, sujet à interprétation entièrement ou partiellement et plusieurs questions peuvent être posées.

1) Est-ce que c'est du ressort de la Constitution de statuer sur la perte de la nationalité congolaise ?

2) Est-ce qu'elle peut s'approprier des attributions d'une loi organique de déterminer les conditions de reconnaissance, d'acquisition, de perte et de recouvrement de la nationalité congolaise ?

3) À quoi servirait une loi organique si la Constitution a déjà déterminé la perte de la nationalité congolaise d'origine ?

4) Est-ce que la République Démocratique du Congo a adhéré à la Déclaration Universelle des Droits de l'Homme, à la Charte Africaine des Droits de l'Homme et des Peuples, aux Conventions des Nations Unies sur les Droits de l'Enfant et sur les droits de la Femme ?

5) Est-ce que priver un Homme de sa nationalité congolaise d'origine est conforme aux Droits de l'Homme ?

6) Est-ce que priver un enfant de sa nationalité congolaise d'origine est conforme aux Droits de l'enfant ?

7) Est-ce que priver une femme mariée de sa nationalité congolaise d'origine du fait de son époux est conforme aux Droits de la femme ?

8) Est-ce que la nationalité congolaise d'origine peut se perdre ?

9) Est-ce que l'article 10 est conforme à la volonté des ancêtres des Congolais ?

10) Est-ce que l'article 10 est conforme à la volonté de Dieu ?

Ces références aux ancêtres et à Dieu ne doivent pas étonner plus d'un. Dieu et les ancêtres sont présents dans les législations de la République Démocratique du Congo depuis 1961, y compris dans la Constitution actuelle de 2011.

Dans le préambule de la Constitution, *Nous, Peuple congolais, conscients de nos responsabilités devant Dieu, la Nation, l'Afrique et le Monde, déclarons solennellement adopter la présente Constitution.*

Quelles sont ces responsabilités devant Dieu dont la Constitution du Congo parle ? De nier à une partie des frères et sœurs le droit de cité en République Démocratique du Congo ? Si c'est le Dieu de la Bible auquel le Peuple congolais se réfère, Il recommande à son peuple de ne pas renvoyer le fils prodigue et d'être en joie quand Il ramène les captifs. S'Il vous demande des nouvelles d'Abel, ce n'est pas la réponse que vous n'êtes pas gardien de votre frère qu'Il voudra entendre.

C'est devant Dieu et la Nation que le Président de la République jure solennellement avant d'entrée en fonction. Le serment fait partie intégrante de la Constitution.[41]

La Parole de Dieu est une parole d'amour et de compassion. Dieu est Amour. Dieu est le même, hier, aujourd'hui et éternellement. L'article 10 en retirant la nationalité congolaise aux Congolais d'origine est contraire à la parole de Dieu qui veut que l'enfant ne soit pas exclu de la maison familiale. Vous pouvez argumenter avec Dieu en avançant l'acquisition des nations étrangères par vos frères, mais Dieu vous dira certainement qu'il n'a pas rejeté Jonas à la mer parce qu'il avait refusé de livrer son message de condamnation aux habitants de Ninive.

Le père du fils prodigue avait-il voulu entendre les excuses de son enfant qui est revenu de la mort à la vie ? Dieu dira que vous êtes bénis de l'amour et de l'affection de vos frères et sœurs qui vous ont gardés dans leur cœur.

Quant aux ancêtres, ils font partie de la Constitution. L'hymne national de la République Démocratique du Congo est le « Debout Congolais ». Ce sont les Congolais unis qui entonnent l'hymne sacré de leur solidarité et qui s'engagent à bâtir un pays plus beau, le Congo, un don béni des aïeux. Ils jurent d'aimer le Congo, de le peupler et d'assurer sa grandeur.

Il s'agit d'un hymne sacré. Sans pour autant entrer dans la profondeur du sacré et du profane, il y a dans cet hymne une promesse de reconnaissance des Congolais de l'héritage matériel et spirituel reçu des aïeux qu'ils engagent à transmettre à leur tour à la prospérité. Les aïeux sont générateurs des bénédictions.

Un question se pose : ces aïeux sont-ils aussi des aïeux des Congolais d'origine de l'extérieur à qui le droit de cité au Congo est nié du fait des Congolais de l'intérieur ? Ont-ils béni le Congo pour les seuls Congolais de l'intérieur ? Est-ce que les ancêtres écoutent les prières des Congolais qui ont banni d'autres Congolais pour des règles qu'ils ont établies à dessein ? L'article 10 de la Constitution est-il conforme à la volonté des ancêtres ?

Pour les ancêtres, les Congolais de l'intérieur et les Congolais de l'étranger sont tous leurs descendants. Les ancêtres demandent aux Congolais de vivre ensemble et d'avoir le même droit de cité. « ***Entonnez l'hymne sacré de votre solidarité*** », prescrit la Constitution du Congo dans le Debout Congolais.

Quand une mère a eu des jumeaux, les ancêtres disent : « Wasenga Kanku, wasenga Tshibwabwa, kakwena utena mwanebe » : *Cajole Kanku, cajole Tshibwabwa, tous les deux sont tes enfants.* C'est peut-être parce qu'ils avaient constaté que la mère n'avait qu'un seul cœur indivisible devant contenir les deux jumeaux.[42]

La référence aux ancêtres peut constituer un argument majeur dans un dossier où tous les moyens de preuve classiques sont sans effet.

Il y a environ quarante ans, jeune avocat, j'ai plaidé dans un dossier de succession sans testament où le document déposé en preuve de filiation était un bulletin d'élève paraphé par le de cujus — le de cujus, c'est ainsi qu'on vous appelle lorsqu'en mourant vous avez laissé des biens. — Toutes les parties au procès contestèrent avec véhémence la validité du bulletin d'élève comme attestation de filiation. C'est alors qu'un avocat fit référence aux ancêtres avec succès pour faire passer sa cliente comme seule héritière de la succession du de cujus. Il allégua que selon une coutume ancestrale Nande, en cas de décès, c'est la mère du de cujus qui héritait tous les biens du défunt. Pour les ancêtres Nande, la mère du de cujus est la seule personne qui peut dire avec exactitude qui sont les enfants de son fils et qui sont les mères de ses petits-enfants.

À Londres, quelques années plus tard, me servant de la leçon du dossier de la dévolution successorale traditionnelle Nande, je me suis servi avec succès d'une attestation de coutume tribale congolaise dans une affaire de déclaration de succession hors délais de rigueur.

Dans le dossier de double nationalité en République démocratique du Congo, il ne faut pas avoir peur de demander aux ancêtres ce qu'ils pensent de la nationalité congolaise d'origine. La sagesse ancestrale peut nous éclairer et nous guider dans les décisions à prendre.

Au village, quand un problème semblait ne pas avoir d'issues possibles, nos parents se réfèrent aux ancêtres et leur demandent ce qu'ils pensent. L'avis de ceux qui sont partis sans être partis compte.

Je me souviens de la phrase passepartout de ma mère chaque fois qu'elle était dans l'impasse : « Mudi panu ne mmudi ku bashangi ? » : *Le comportement des humains est-il la même chose à celui de l'au-delà ?* Pour ma mère, les ancêtres étaient la boussole qui guide les vivants.

De ce qui précède, la Cour constitutionnelle arrivera à la conclusion que l'article 10 de la Constitution congolaise n'est pas conforme à la Constitution, dira que la nationalité congolaise d'origine ne se perd pas et ne peut pas se perdre, et rendra un arrêt favorable au recours en interprétation du Président de la République.

Selon l'article 168 de la Constitution, « les arrêts de la Cour constitutionnelle ne sont susceptibles d'aucun recours et sont immédiatement exécutoires. Ils sont obligatoires et s'imposent aux pouvoirs publics, à toutes les autorités administratives et juridictionnelles, civiles et militaires ainsi qu'aux particuliers. Tout acte déclaré non conforme à la Constitution est nul de plein droit. »

Ainsi par voie de recours en interprétation, le Président de la République peut instaurer la double nationalité universelle en République Démocratique du Congo et mettre ainsi fin à l'apartheid légal qui piège le pays et dont sont victimes plus de 5.000.000 des Congolais d'origine et leurs descendants du fait d'une disposition constitutionnelle.

En résumé, les seules voies pour instaurer la double nationalité universelle en République Démocratique du Congo et abolir le principe ségrégationniste de l'exclusivité et de l'unicité de la nationalité congolaise sont présidentielles, et ce, par l'éviction de l'ordonnance sur la double nationalité et le recours en interprétation de la disposition constitutionnelle non conforme à la Constitution.

Et pour arriver à une résolution paisible et apaisée à l'épineux problème d'exclusion des Congolais d'origine ayant acquis une nationalité étrangère, l'apport de Dieu et des ancêtres est substantiel et déterminant. Il est à noter que la Constitution congolaise elle-même dispose des principes et des pistes de solution et qu'un regard objectif et non partisan peut aider à les détecter.

Les lois souples sur la nationalité congolaise ne peuvent pas servir la cause de la diaspora, car elles doivent, pour être constitutionnelles, se conformer à la Constitution qui prescrit l'exclusivité et l'unicité de la nationalité.

En outre, les lois n'ont pas d'effets rétroactifs. Ce qui fait que les Congolais de la diaspora qui avaient perdu la nationalité congolaise du fait de la détention d'une nationalité étrangère n'acquerront pas automatiquement la nationalité congolaise. Ils devront solliciter une naturalisation. Il en est de même du changement de la Constitution ou de la modification constitutionnelle. Seuls les Congolais qui acquerront une autre nationalité à compter de la date de la promulgation de la nouvelle loi ou de la nouvelle Constitution bénéficieront de la double nationalité automatiquement.

Les lois ne peuvent pas opérer l'acquisition de la double nationalité automatique. Ce qu'une ordonnance présidentielle et un arrêt de la Cour Constitutionnelle peuvent faire, ils sont opposables à tous et leurs effets sont rétroactifs.

En tout état de cause, seul le souci de l'intérêt général peut contribuer à l'instauration de la double nationalité universelle dans l'idéal du respect des droits de la personne humaine avec l'aide de Dieu et de la sagesse des ancêtres.

CHAPITRE 7

LE RECOURS AUX ANCÊTRES

La nationalité congolaise exclusive a installé un climat malsain de division entre les Congolais que la volonté politique tente de réunir avec l'instauration de la double nationalité. C'est la Constitution congolaise avec son article 10 qui a tracé au rouge la ligne de démarcation.

Les Congolais sont un peuple des croyants. Ils croient en Dieu, ils prient, ils ont bâti des églises. Ils croient en leurs ancêtres, ils leur mentionnent leur affection et leur dévotion dans l'hymne national, l'hymne sacré.

Me suis-tu, Pierre ?

— Oui, cinq sur cinq, André. Mais je me permets de faire l'avocat du diable. J'ai lu et écouté le *Debout Congolais*, nulle part il n'est fait mention des ancêtres. L'hymne national parle des aïeux. Même la *Zaïroise*[43] parle des aïeux. Tu as écrit un texte sur la non-innocence des mots et tu m'as toujours dit que les mots ne sont pas synonymes. Quelle différence y a-t-il entre les ancêtres et les aïeux ?

— Si tu cherches la tombe d'un parent mort et tu trouves son tombeau, dis-toi que tu es au bon endroit. Tu vois ? La différence entre les ancêtres et les aïeux est la même que celle entre la tombe et le tombeau.

— Ça alors ! Les Congolais ont un idéal qui les relie à leurs ancêtres ainsi qu'à leurs enfants.

— Tu as compris pourquoi j'insiste sur la référence aux ancêtres.

— Tu m'avais dit un jour que c'était un problème de l'homme, créé par l'homme, et qui ne pouvait être résolu que par l'homme, et qu'il ne fallait plus se tourner vers les montagnes d'où viendrait le salut, n'est-ce pas ?

— Là, mon ami, tu me cites hors contexte. Je te l'avais dit à propos du constat fait par un vieillard villageois visitant Kinshasa, la capitale du Congo, pour la première fois de sa vie. Il avait dit en sa langue maternelle, le tshiluba : « Kunu kudi bintu, ka kwena bantu » : *ici, il n'y a que des biens, il n'y a pas d'hommes*. Pour le vieillard, Kinshasa avait tout pour résoudre le problème de la pauvreté, des biens en abondance et de l'argent, mais il manquait des êtres humains pour agir.

— Je ne t'avais pas bien compris. Je croyais que tu disais que Dieu avait pris congé de son peuple.

— Dieu ne détourne jamais sa face, c'est son peuple qui s'en éloigne. Vois-tu ?

La Constitution congolaise actuelle, tout comme toutes les constitutions précédentes, est comme une rivière qui sépare des frères et sœurs d'une même famille. Une situation que trouve bénéfique une bonne partie des riverains de deux bords, surtout les politiciens, car ce sont eux qui alimentent les tensions.

Que faut-il faire ?

— Construire un pont, mettre des pirogues, des bateaux ou des canoës rapides. Pourquoi pas un pont aérien pour ceux qui ont des moyens et qui sont pressés.

— La réconciliation entre les frères et sœurs séparés doit durer dans le temps et éternellement. Le pont, la pirogue et l'avion sont des solutions temporaires, des lois souples sur la nationalité.

— Dessécher carrément la rivière pendant qu'on y est.

— C'est une solution radicale. Ses conséquences sont énormes sur le plan écologique et sur la vie des riverains. La rivière fournit de l'eau potable et des poissons. C'est là où les gens lavent les linges sales et que les jeunes récemment circoncis pansent leurs plaies.

— Tout un dilemme. Il ne faut donc pas changer la Constitution ou la modifier.

— Pas pour l'instauration de la double nationalité, un problème relevable par le bon sens commun. C'est en effet un dilemme. Mais il y a une solution. C'est un vieillard qui me l'a suggéré. C'est long. Elle ne fait tort ni à la rivière ni aux riverains. Il faut contourner la rivière par la source. C'est fatigant. Il faut longer la rivière, marcher jusqu'au ventre de la terre d'où est sortie la rivière et passer de l'autre côté rejoindre ses frères et sœurs.

Long et fatigant pour celui qui n'est pas porté par ses ancêtres. « Mwana mutwala wa kamanyi njila bule » : *un enfant porté qui ne connaît pas la longueur du chemin.*

Et pour que les ancêtres le portent, l'enfant porté doit être en règle avec l'idéal des valeurs ancestrales d'honnêteté, de solidarité, de fraternité, d'altruisme, de sincérité, d'authenticité et d'intérêt général. On ne triche pas avec les ancêtres. Il doit être capable de jurer devant Dieu et devant les ancêtres qu'il n'est pas guidé par un intérêt égoïste personnel. La sanctification des ancêtres (*lupemba*) est conditionnée par la sincérité du serment du porté (*lusanzu*). « Ela lusanzu naanku bakwela lupemba » : *un vrai serment justifie son auteur.*

Si celui ou celle qui porte le projet de l'instauration de la double nationalité au Congo est sincère et guidé par l'intérêt général, les ancêtres lui donneront leur blanc-seing. C'est à ce prix d'authenticité que l'enfant porté ne tombera pas sur une pierre et ne s'écrasera pas la tête.

Sur le chemin qui mène l'enfant à la source, il y aura des obstacles et des embuches. Mais les ancêtres feront de ses ennemis leurs ennemis, et son combat leur combat.

Toutes les attaques contre les actes présidentiels en vue d'instauration de la double nationalité en République Démocratique du Congo seront sans effets.

En Afrique, tout conflit dans un village finit par trouver une solution. Mais au Congo, cela fait plus de 60 ans que ça dure. Si toutes les palabres n'ont pas réussi à réconcilier les enfants d'une même famille, il faut faire un recours aux ancêtres, leur demander ce qu'ils pensent. La sagesse ancestrale est un guide qui ne trompe pas.

Devant la Cour Suprême des États-Unis, au XIXe siècle, Joseph Cinqué, un esclave noir insurgé de la goélette espagnole *Amistad*, accusé de mutinerie et de meurtre, lui et ses compagnons Mendé, a fait valoir le recours aux ancêtres, ce qui a, entre autres, fait pencher la balance en leur faveur.[44]

D'après Cinqué, quand un membre des Mendé se trouve devant face à une situation où il ne pourrait y avoir plus d'espoir, il invoque ses ancêtres, la tradition. Les Mendé pensent pouvoir faire revenir les esprits de leurs ancêtres; pour eux, les ancêtres ne sont jamais partis, leur sagesse et leur force peuvent leur venir en aide, car ils sont la raison pour laquelle leurs ancêtres ont existé.

Comme les Mendé, les Congolais croient aussi en leurs ancêtres. Pour tous les problèmes de la vie de tous les jours, ils font appel à leur sagesse : qu'il s'agisse des naissances ou des décès, des mariages ou des divorces. Ils demandent leurs bénédictions dans beaucoup de cas.

Mais pourquoi dans ce dossier de l'exclusion des enfants de la famille, les Congolais n'invoquent-ils pas les ancêtres ? Pourquoi ne leur demandent-ils pas conseil ?

Est-ce parce que leur instruction occidentale leur est suffisante pour résoudre tous les problèmes de la vie nationale qu'ils ne demandent pas conseils aux ancêtres ?

Est-ce parce qu'ils sont nés de nouveau, ils croient qu'invoquer les ancêtres serait contraire à leur foi chrétienne ? Les chrétiens congolais prient et invoquent Dieu des ancêtres. Dieu est Dieu, Il est vivant, et les ancêtres dont Il est aussi Dieu dans la foi chrétienne sont vivants.

Les Congolais ont-ils peur que les ancêtres leur disent : « Ditunga nntshinkunku nsanga bilembi » : *une nation est l'arbre qui rassemble tous chasseurs*. Ceux qui chassent dans les limites des frontières et ceux qui ont ratissé larges en allant chasser de quoi nourrir les leurs au loin, même de l'autre côté du Grand Fleuve. Ont-ils peur que les ancêtres leur disent : « Ezali lisanga ya banganga » : *C'est le rassemblement des braves* ? Enterrons la hache de guerre et faisons la paix des braves. Ce pays, le Congo, ce beau et magnifique pays que chantent nos poètes, les ancêtres l'ont légué à tous les Congolais, ceux de l'intérieur comme ceux de l'extérieur.

L'avocat américain de Cinqué et des naufragés Mendé de l'Amistad avait conclu sa plaidoirie en invoquant ses ancêtres, les anciens présidents américains, et je paraphrase : « Nous avons désespérément besoin de votre sagesse et de votre force pour triompher de nos peurs et de nos préjugés. »

Les Congolais de l'étranger se battent pour le respect d'un droit fondamental et inaliénable : le droit à leur identité d'origine. Leurs ancêtres qui sont ceux de tous les Congolais ne sont pas contents, et tout pousse à croire qu'ils ont tourné le dos au Congo. Ni la terre ni les mines ni l'eau ni le ciel ne profitent au Congo.

Les prières des Congolais de l'étranger sont entendues des ancêtres qui font de la bataille de la diaspora pour la double nationalité leur bataille. La Constitution ne peut pas servir ni d'excuse ni d'échappatoire.

En Afrique, force est de constater que dans toute bataille où la sagesse ancestrale est en proie avec l'intelligence des érudits, c'est la sagesse qui l'emporte. Rappelons que Nelson Mandela a eu, en usant de la sagesse africaine, *Ubuntu*, le dessus sur l'intelligent Frederik De Klerk mettant ainsi fin au régime d'apartheid en Afrique du Sud.

En toute circonstance, la sagesse ancestrale est utile, s'y référer peut aider à sauver des vies et aussi aider à vivre ensemble dans la concorde et dans la paix. Les ancêtres recommandent la solidarité et la fraternité.

Doit-on jeter au feu l'enfant qui a incendié la maison ?

Ce problème de nationalité congolaise une et exclusive qui divise les frères et sœurs d'une même famille est notre problème commun. Ensemble, nous l'avons créé, ensemble nous devons le résoudre. « Tudi mu lubilu bonso, ne kabuluku ne mwuipatshi ne mbwa », *nous sommes tous dans la course, et le gibier, et le chasseur et le chien.*

Que doit-on faire ?

Les sages nous recommandent de faire l'état des lieux et de consulter Dieu et les ancêtres lorsque notre intelligence semble insuffisante pour résoudre le problème qui nous divise. « Tuye too, twimane, tubikile mutotu wa mulu witaba », *après une longue marche à la recherche des issues, arrêtons et invoquons l'étoile du ciel, elle nous répondra sûrement.*

Pour les ancêtres, la diaspora est « mashi ma mu nenu », *le sang dentaire.* Lorsque l'on a les dents qui saignent, on a beau cracher le sang, mais il y a une quantité qu'on avale. Les ancêtres appellent dans leur sagesse ce sang qu'avale « mashi ma mu nenu. »

CHAPITRE 8

L'ULTIME RECOURS : UNE REQUÊTE INDIVIDUELLE D'INCONSTITUTIONNALITÉ

Il est de notre devoir commun de tout faire pour que plus que 5.000.000 d'êtres humains ainsi que leurs descendants déchus de leur droit de cité du pays d'origine, pays de leurs ancêtres, du fait d'une disposition de la Constitution, recouvrent ce droit naturel fondamental et inaliénable.

La requête individuelle à la Cour constitutionnelle pour l'inconstitutionnalité de la disposition du premier alinéa de l'article 10 de la Constitution est une des procédures appropriées susceptibles d'empêcher le Congo à continuer d'exister avec certains de ses membres amputés, et d'épargner ainsi le pays de douleurs fantômes. C'est évident que le membre amputé interagit avec le reste du corps humain qui ressent la douleur du membre dont il est séparé.

Dire que la nationalité congolaise d'origine est un droit naturel fondamental et inaliénable, et ne se perd pas est une évidence.

Le vœu le plus ardent de la diaspora congolaise est que le Mandataire du souverain primaire, Président de la République et chef de l'État, statue par ordonnance sur l'instauration de la double nationalité universelle au Congo ou fasse un recours en interprétation ou en inconstitutionnalité partielle de l'article10 de la Constitution.

Quoi qu'il en soit, si par hasard, pour des raisons légitimes, ces recours tant attendus tardent à être faits, toute personne déchue de la nationalité congolaise d'origine est en droit d'agir pour la recouvrer. Un proverbe dit : « On n'est jamais si bien servi que par soi-même. »

La Constitution nous a donné de la nourriture, il ne faut pas lui demander de venir la mâcher pour nous et nous la faire avaler.

Un proverbe congolais en lingala dit : « Mwana moke abetaka mbonda, bakolo mpe babinaka » : *Un enfant peut battre le tam-tam et faire danser des aînés*. En effet, je ne fais pas partie de corps constitués de la République ni d'élites du pays, mais je suis peut-être cet enfant-batteur de tam-tam et certainement toute personne dont parle la Constitution pouvant saisir la Cour constitutionnelle en cas d'inconstitutionnalité.

Au Kasaï, on dit : « Twana twa nyunyu twa kalula bakulu » : *Les oisillons peuvent organiser le sauvetage des aînés du nid*. Suis-je capable de sortir les parents du nid en prévision du danger ? Faut-il que j'attende le jour où j'aurai des ailes ?

— Sois clair, André. Envisages-tu de faire un recours individuel dans cette affaire de double nationalité ?

— Oui. Un recours individuel en inconstitutionnalité du premier alinéa de l'article 10 de la Constitution en vigueur de la République Démocratique du Congo qui dispose : « La nationalité congolaise est une et exclusive. Elle ne peut être détenue concurremment avec aucune autre. »

— Ça alors ? Tu en fais ton sacerdoce ?

— Le deuxième alinéa de l'article 162 de la Constitution dispose : « Toute personne peut saisir la Cour constitutionnelle pour inconstitutionnalité de tout acte législatif ou réglementaire. »

— Tu es donc décidé ?

— La Constitution parle de « toute personne ». J'ai rédigé une requête et consulté d'éminents avocats congolais. Pour mes éminents confrères, il y a matière à contentieux. Ils sont d'avis que la requête est suffisamment motivée pour passer le test de raisonnabilité et les critères de proportionnalité et d'intérêt général.

Somme toute, outre les préjudices matériels et moraux, identitaires, psychologiques et émotionnels, subis du fait d'une disposition inconstitutionnelle de la Constitution, la requête d'inconstitutionnalité reprend mutatis mutandis tous les arguments retenus à l'appui de l'ordonnance sur la double nationalité et des recours présidentiels suggérés en interprétation de la Constitution et en inconstitutionnalité d'une disposition constitutionnelle.

— Mutatis mutandis ?

— Oui, en les adaptant et en faisant les changements nécessaires. Et le tout pour atteindre le même objectif que les recours présidentiels : l'instauration de la double nationalité universelle au Congo.

— Mais votre recours est individuel, comment peut-il profiter aux autres Congolais de la diaspora ?

— Mon recours est certes individuel, mais l'arrêt de la Cour constitutionnelle s'applique à tous et tout acte déclaré inconstitutionnel est nul de plein droit.[45]

— Explique-moi en français facile comme si j'avais sept ans.

— C'est l'initiative de l'action qui est individuelle, mais le contentieux concerne toute personne qui a perdu la nationalité congolaise d'origine du fait du premier alinéa de l'article 10 de la Constitution.

— C'est révolutionnaire comme démarche. Je te fais confiance. Comparaison n'est pas raison. Dans le dossier des personnes vivant sans mélanine, tu es parti d'une simple célébration de la journée de sensibilisation, tu as rédigé une déclaration universelle des droits humains des amélaniques, et tu as obtenu l'adoption d'une résolution de l'Assemblée Parlementaire de la Francophonie. Mais dans ce dossier-ci de la double nationalité, tu risques de manquer des moyens et des personnes qui visent comme toi l'intérêt général.

— La zone de confort de l'immédiateté est plus large que celle de la vision à long terme. L'inventaire des ressources humaines et matérielles dans ce dossier m'est défavorable. Mais qu'est-ce que Moïse avait pour affronter Pharaon ?

— Un bâton, et un bras. Il avait eu l'aide divine pour mettre la mer à sec et fendre les eaux. Le miracle de la mer, t'en souviens-tu ? C'est dans la Bible, *Exode 14 : 21-27.* As-tu de la foi ?

— Oui.

— Tu n'as pas besoin d'une pleine foi. « Et le Seigneur dit : Si vous aviez de la foi comme un grain de sénevé, vous diriez à ce sycomore : Déracine-toi, et plante-toi dans la mer, et il vous obéirait. » *Luc 7 : 6.*

— J'ai le deuxième alinéa de l'article 162 de la Constitution. Quand on poursuit l'intérêt général, on ne se soucie guère de moyens et de personnes. En tshiluba, on dit : « Mutshi udi ku biansa utu washipa nyoka » : *C'est avec le bâton qu'on a qu'on tue le serpent.*

— Mais comme Moïse, tu as besoin de l'aide de la providence. Ne l'oublie pas. Te souviens-tu de ton intervention spirituelle en milieu carcéral ? Ton viseur avait toujours pointé l'objectif. Ne dit-on pas qu'un vieillard assis voit plus loin qu'un jeune debout ?

— J'avais eu de la chance de rencontrer à la Prison centrale de Makala, le Bâtonnier de l'Ordre des avocats, Me Mukendi-wa-Mulumba, qui y séjournait pour avoir refusé de violer le secret professionnel dans un dossier à connotation politique. J'avais accepté son offre et transformé mes activités pastorales en service des consultations juridiques gratuites du Barreau de Kinshasa que j'avais dirigé jusqu'au jour où le Conseil de l'Ordre s'était approprié du projet au grand dam des prisonniers. J'avais réussi en peu de temps à dépeupler d'une manière considérable la prison, ce qui était mon but avec l'intervention pastorale. C'était les années 1980, l'esprit charismatique était en vogue à Kinshasa chez les intellectuels. Je ne voulais pas que le Christ me reproche un jour de ne lui avoir pas rendu visite en prison ni de ne lui avoir pas donné à boire quand il avait soif.

— Tu vois ? C'est cela que j'appelle l'aide de la providence. Ne te décourage pas, mon ami. On dirait que tu te questionnes sur la volonté politique de résoudre ce problème. Est-ce que je me trompe ?

— Quand David dit : « Ce qui fait ma souffrance, c'est que la droite du Très-Haut n'est plus la même… » Cela ne signifie pas qu'il doute de la fidélité du Très-Haut ni de ses promesses.

— Psaume 77, verset 10. Je me souviens bien de ce passage. Dieu est fidèle et ne change pas. Je t'encourage à aller à Kinshasa déposer ta requête à la Cour constitutionnelle. J'ai lu ton projet de requête. Pour moi, c'est une procédure qui a de l'allure. La requête est suffisamment motivée. As-tu dit qu'il y aura d'autres allégations et arguments à prévaloir à l'audience de la Cour ?

— Oui, Pierre.

— Tu as mon soutien. Toutefois, j'ai une question. Comment expliques-tu que tu sois le seul à avoir pensé à la requête individuelle d'inconstitutionnalité et à tous ces recours que tu suggères avec enthousiasme ?

— La vraie question est : pourquoi maintenant.

— Pourquoi maintenant ?

— Vois-tu, Pierre. Nous avons, aujourd'hui, un Président de la République qui veut instaurer la double nationalité universelle au Congo et qui en parle, et une population sensible au sort de sa diaspora, qui se sent entendue et écoutée par le Chef de l'État, tout ce qu'il faut pour libérer les esprits. L'Histoire retiendra que c'est sous son règne que plus de 5.000.000 de Congolais d'origine ont pu recouvrer leur droit de cité qui leur avait été ôté.

Nous avons une Cour constitutionnelle nouvellement formellement instituée, et cette requête sera la toute première qu'elle va connaître en inconstitutionnalité d'une disposition de la Constitution, quelle que soit sa décision, elle fera jurisprudence en la matière.

À tous les intervenants dans ce dossier d'instauration de la double nationalité universelle en République Démocratique du Congo, je dirai comme Mardochée à Esther : « Qui sait si ce n'est pas pour un temps comme celui-ci que tu es parvenue à la royauté ? » *Esther 4 :14.*

— C'est une cause noble.

— En effet, une cause noble. Tout ce qui existe a été un jour imaginé. Pour mettre fin au destin singulier et tragique du Congolais dépouillé de son identité originelle, tout le monde doit chacun jouer sa partition et faire preuve d'imagination et d'innovation, à l'instar du génie des pêcheurs Wagenia sur le fleuve Congo et de braves vendeuses à la sauvette des marchés publics. Comment nos aïeux, les amputés de Léopold II, ont-ils pu communiquer avec la photographe britannique Alice Seeley Harris et témoigner de leurs souffrances, avec les mains coupées ?

— Ils s'étaient montrés naturels, authentiques et dignes.

— Je me montrerai naturel, authentique et digne devant la Cour constitutionnelle, avec ma requête en inconstitutionnalité.

EN CONCLUSION

Chose promise, chose due.

J'avais promis de vous dire qui doit faire quoi et comment il doit s'y prendre pour instaurer la double nationalité universelle sans modifier la Constitution. C'est fait. La Constitution qui est la source de tous les maux a prescrit des remèdes et désigné deux personnes pour les administrer.

La première personne est une Institution. C'est le Président de la République et Chef de l'État. Il peut statuer par ordonnance sur l'inaliénabilité de la nationalité congolaise d'origine ou faire un recours en interprétation ou en inconstitutionnalité de la disposition constitutionnelle prescrivant l'unicité et l'exclusivité de la nationalité congolaise devant la Cour Constitutionnelle.

La seconde personne, c'est toute personne concernée et intéressée, comme moi. Pourquoi pas ? Je suis victime d'une disposition inconstitutionnelle de la Constitution qui m'a ôté mon droit de cité et ostracisé du pays de mes ancêtres. Par mon action, plus 5.000.000 d'êtres humains ainsi que leurs descendants peuvent recouvrer leur nationalité congolaise d'origine.

La nationalité congolaise d'origine est un droit naturel fondamental et inaliénable. Nulle personne n'a le droit de le nier à une autre.

« Ata ndele, ata ndele », *tôt ou tard,* quel que soit le temps que cela prendra, la reconnaissance à la nationalité congolaise aux Congolais d'origine se fera sans condition. Pourquoi pas maintenant ?

Un Congo délivré de l'apartheid légal qui le piège et qui vise une fraction significative de sa population est possible avec l'instauration de la double nationalité universelle. Y arriver demande de faire de l'intérêt général un idéal et du respect des droits de la personne humaine un objectif primordial.

La Constitution congolaise qui est à l'origine de la crise identitaire prescrit heureusement des voies de sortie paisibles et apaisées et indique le médecin pour les administrer, le souverain primaire qui s'est choisi son mandataire, et la clinique pour sa guérison, la Cour constitutionnelle.

Dans cette affaire de l'abolition du régime ségrégationniste de la nationalité congolaise exclusive, l'ordonnance présidentielle et le recours en interprétation peuvent sauver la Constitution, et la voie législative, la détruire.

Tout compte fait, faire de la diaspora des Congolais de l'étranger des citoyens congolais à part entière contribuera à lutter contre la pauvreté au Congo et à promouvoir le bien-être collectif. Il est possible de faire un répertoire des

Congolais de l'étranger par voie consulaire lors de la demande de l'obtention des passeports.

Établir un fichier administratif des entrepreneurs d'origine congolaise vivant à l'étranger est inconcevable, certains pays ont une politique de protection de la vie privée stricte. Les entrepreneurs de la diaspora et leurs partenaires nationaux peuvent plutôt se constituer des banques de données et de réseautages.

Derrière les chiffres qu'annoncent la Banque Mondiale et des opérateurs financiers du monde relativement aux sommes d'argent que la diaspora congolaise envoie au Congo pour palier à la pauvreté, il y a des êtres humains, des femmes et des hommes, qui travaillent parfois dans des conditions environnementales pénibles d'hiver, qui se soucient du bien-être de leurs frères et sœurs restés au pays. Parmi ces bienfaiteurs, il y a aussi des personnes qui ont des parcours migratoires humainement insoutenables : le désert, la mer, les camps des réfugiés, des sans-papiers et des centres de détentions en attente des décisions sur leur sort.

La demande des Congolais de l'étranger de leur reconnaitre leur identité d'origine est légitime. La réponse ne doit plus se faire attendre. La procrastination n'est pas une vertu.

Un artiste-musicien congolais Adu Elenga a chanté : « Ata ndele, mokili ekobaluka », *tôt ou tard, le monde changera.*[46]

Outre l'apport de la diaspora en argent et fourniture des biens et services, l'instauration de la double nationalité universelle au Congo élargira l'assiette fiscale du pays avec les accords possibles de double imposition avec les pays d'accueil des citoyens congolais de l'étranger. Les passeports octroyés aux Congolais de l'étranger peuvent servir de l'identification des contribuables de la diaspora.

L'effet papillon de la double nationalité universelle fera possiblement du Congo un pays des ressources humaines avec la création d'une agence autonome des Congolais de l'étranger.

Faire gérer les Congolais de l'étranger par le Ministère des Affaires étrangères ou celui de la Coopération internationale est improductif, il fait des Citoyens congolais de l'étranger des citoyens à part. La diversité des ressources humaines de la diaspora fait que l'agence automne sera interdisciplinaire et interagira avec tous les secteurs de la vie économique et sociale du pays et tous les ministères.

Cela dit, la double nationalité qui est le début du commencement de l'émergence d'un développement humain, social et économique au service du bien-être collectif demeure un problème politique.

Si la double nationalité universelle au Congo demande du courage politique, l'initiateur de son instauration aura l'aide de Dieu, le soutien des ancêtres et l'appui du peuple, le souverain primaire.

La double nationalité des Congolais d'origine n'est pas une naturalisation. Ils sont nés Congolais, ils sont Congolais. La nature ne passe nulle part deux fois. « Tshikele katshitu tshilela lukulu »[47] : *Une dorade n'engendre pas une sardine.*

L'Histoire nous enseigne que quiconque a œuvré pour qu'un autre être humain recouvre un droit naturel fondamental inaliénable a eu la reconnaissance non seulement de son pays, mais aussi de l'Humanité entière. Simon Kimbangu, Mahatma Gandhi, Martin Luther King, J.F. Kennedy, Nelson Mandela et autres qui ont privilégié dans leurs actions l'intérêt général deviennent des sources d'inspiration pour toute personne qui a l'amour de son prochain.

Il faut choisir entre le progrès et le statuquo incertain, entre le père bienveillant de l'enfant prodigue et le père Fouettard qui punit l'enfant.

La reconnaissance de l'inaliénabilité de la nationalité congolaise d'origine est notre devoir commun à tous. C'est un droit naturel fondamental inaliénable.

RÉFÉRENCES

[1] En lingala : *Soki nzombo ayebisi yo te auti kokotana na ngando, yokela ye*. Littéralement : Si tu rencontres une anguille qui te dit qu'elle vient de croiser un crocodile, il faut décoder le message

[2] *Philadelphia*, Drame, réalisé par Jonathan Demme, USA, 1993, avec Tom Hanks dans le rôle d'Andrew Beckett, jeune avocat brillant licencié à cause de sa maladie, défendu par Me Joe Miller (Denzel Washington).

[3] Pagé L, Naidoo-Pagé K. et J. Naidoo, *Demain, il sera trop tard, mon fils*, Éd. Stanké, 2014.

[4] Déclaration de Fabien Sambussy, chef de mission de l'Organisation Internationale de Migration, Kinshasa, 18/12/2020 (Radio Okapi 18/12/2020).

[5] Mbombo A-M, *L'Albinos avatar et la Première Dame, Tome 1*, Éd. Solstice Austral, 2017.

[6] Joseph Kasa-Vubu, premier Président du Congo (30 juin 1960 – 24 novembre 1965). Évincé par un coup d'État militaire de Joseph-Désiré Mobutu en 1965.

[7] Patrice Émery Lumumba, premier Premier Ministre du Congo pendant 2 mois et 21 jours (24 juin 1960 – 14 septembre 1960). Homme d'État congolais qui a combattu pour l'indépendance du Congo, nationaliste et panafricain. Héros national, célébré au Congo, en Afrique et dans le monde. À Moscou, une université porte son nom.

[8] Joseph-Désiré Mobutu Sese Seko, Président du Zaïre (Congo). Homme d'État congolais, militaire, il a dirigé le Congo sans partage de pouvoir pendant 31 ans, 5 mois et 22 jours (24 novembre 1965 – 16 mai 1997).

[9] Laurent-Désiré Kabila, Président de la République Démocratique du Congo (17 juin 1997 – 16 janvier 2001). Nationaliste. Héros national.

[10] Joseph Kabila Kabange, Président de la République Démocratique du Congo du 17 janvier 2001 au 25 janvier 2019. Il a assuré la transition de 2001 à 2006 après la mort du Président Laurent Désiré Kabila. Élu en 2006 et réélu en 2011. Sénateur à vie depuis le 25 janvier 2019.

[11] Antoine-Félix Tshisekedi Tshilombo, Président de la République Démocratique du Congo élu le 30 décembre 2018, est en fonction depuis le 25 janvier 2019.

[12] Discours du Président Antoine-Félix Tshisekedi Tshilombo à la diaspora congolaise à Bruxelles, 19 septembre 2019.

[13] Message du Chef de l'État à la Nation à l'issue des consultations le 6 décembre 2020.

[14] Premier Forum de la Diaspora congolaise sous le thème : « La Diaspora congolaise actrice du développement et de la lutte contre la pauvreté en République Démocratique du Congo ». Kinshasa, 17 - 18 novembre 2021.

[15] « Nkupa mutu, ulomba nsengu ». C'est en tshiluba, l'une des langues du Congo parlées au Kasaï. Littéralement : *Je te donne la tête (de chèvre), toi tu me réclames les cornes.*

[16] Premier Colloque panafricain de sensibilisation à l'albinisme tenu à Kinshasa, du 20 au 21 octobre 2021, ouvert par le Président de la RDC Antoine-Félix Tshisekedi Tshilombo, Président de l'Union Africaine.

[17] *Néologisme* d'André-Man Mbombo : adjectif et nom. *Adjectif* : Qui n'a pas de mélanine. *Nom masculin et féminin* : Un Amélanique, une Amélanique : un homme, une femme vivant sans mélanine, communément appelés albinos. *In* Mbombo AM, *La Mélanine Épinglée – Vol.2 L'École de Montréal et le défi de vivre amélanique* (dir. André-Man Mbombo), Éd. Solstice Austral, 2019, p.14.

[18] *La guérison de Naaman*, 2 Rois 5

[19] Maria Truben (1907-1981), herboriste autrichienne, auteur des plusieurs livres traduits en français : *La santé à la pharmacie du bon Dieu*; *Les Simples du jardin de Dieu - Pratique des plantes médicinales pour le bien-être et la santé; Ces plantes qui guérissent.*

[20] Constitution de la République Démocratique du Congo, modifiée par la Loi no 11/002 du 20 janvier 2011 portant révision de certains articles de la Constitution de la République Démocratique du Congo du 18 février 2006 (Textes coordonnés), Journal Officiel, Numéro spécial, Kinshasa, 5 février 2011.

[21] L'article 2 : « La République Démocratique du Congo est composée de la ville de Kinshasa et de 25 provinces dotées de la personnalité juridique. Ces provinces sont : Bas-Uele, Équateur, Haut-Lomami, Haut-Katanga, Haut-Uele, Ituri, Kasaï, Kasaï Oriental, Kongo Central, Kwango, Kwilu, Lomami, Lualaba, Kasaï Central, Mai-Ndombe, Maniema, Mongala, Nord-Kivu,

Nord-Ubangi, Sankuru, Sud-Kivu, Sud-Ubangi, Tanganyika, Thopo, Tshuapa. »

[22] Majambu Mbikay, *La Couleur des gènes ou la perversion de la génétique*, Biomesc, 2017, p. 23.

[23] Majambu Mbikay, *voir réf. 22 ci-dessus*.

[24] Kayembe NB, *Éducation au Congo-Kinshasa: Quelle évolution et quel avenir? : Une analyse à la lumière de "La remise en question" de Mabika Kalanda (Education de qualité pour tous – Tome2*, Amazon Kindle, 2019.

[25] Biakabutuka RMW, *Les noms lubaphones – Dictionnaire Anthroponymique Cilubà-Français*, Éd. Muhoka, 2004.

[26] *Néologisme* : Condition métabolique héréditaire due à un défaut du métabolisme d'un pigment, la mélanine, et caractérisée par l'absence, totale ou partielle, de ce pigment. *Amélanisme* vient du mot nouveau *amélanine*, nom féminin, signifiant : défaut de mélanine. *Voir réf. 17 ci-dessus*, p. 13.

[27] Mbombo AM, voir *réf. 5* ci-dessus, p. 601.

[28] Kabongo Lukunda B, *Ndima kwetu ndima kunu*, Éd. Muhoka, Ottawa, 2009, p.51 et ss.

[29] Mutinga Mutuishayi M, *RD Congo, la République des inconscients*, Le Potentiel, Kinshasa, 2010.

[30] Vient de paraître : « RDCongo, la République des inconscients », Le Phare, 14 septembre 2010.

[31] Proverbe luba repris et traduit par Majambu Mbikayi, *in* réf. 22 ci-dessus, p.173.

[32] Premier Forum de la Diaspora congolaise, voir réf. 14 ci-dessus.

[33] Constitution de 2011, *voir réf. 20* ci-dessus.

[34] Barack Obama, homme d'État américain, 44e président des États-Unis (2009-2017). Il est né sur le sol américain (Honolulu, Hawaï) le 4 août 1961 d'un Kényan noir et d'une Américaine blanche d'ascendance anglaise et irlandaise.

[35] Article 79 : « Le Président de la République convoque et préside le Conseil des ministres. En cas d'empêchement, il délègue ce pouvoir au Premier ministre.
« Le Président de la République promulgue les lois dans les conditions prévues par la présente Constitution.
« Il statue par voie d'ordonnance.
« Les ordonnances du Président de la République autres que celles prévues aux articles 78 alinéa premier, 80, 84 et 143 sont contresignées par le Premier ministre. »

[36] Article 160 : « La Cour constitutionnelle est chargée du contrôle de la constitutionnalité des lois et des actes ayant force de loi.
« Les lois organiques, avant leur promulgation, et les Règlements intérieurs des Chambres parlementaires et du Congrès, de la Commission électorale nationale indépendante ainsi que du Conseil supérieur de l'audiovisuel et de la communication, avant leur mise en application, doivent être soumis à la Cour constitutionnelle qui se prononce sur leur conformité à la Constitution.
« Aux mêmes fins d'examen de la constitutionnalité, les lois peuvent être déférées à la Cour constitutionnelle, avant leur promulgation, par le Président de la République, le Premier ministre, le Président de l'Assemblée nationale, le Président du Sénat ou le dixième des députés ou des sénateurs.

« La Cour constitutionnelle statue dans le délai de trente jours. Toutefois, à la demande du Gouvernement, s'il y a urgence, ce délai est ramené à huit jours. »

[37] Article 162 : « La Cour constitutionnelle est juge de l'exception d'inconstitutionnalité soulevée devant ou par une juridiction.
« Toute personne peut saisir la Cour constitutionnelle pour inconstitutionnalité de tout acte législatif ou réglementaire.
« Elle peut, en outre, saisir la Cour constitutionnelle, par la procédure de l'exception de l'inconstitutionnalité invoquée dans une affaire qui la concerne devant une juridiction. »

[38] Article 168 : « Les arrêts de la Cour constitutionnelle ne sont susceptibles d'aucun recours et sont immédiatement exécutoires. Ils sont obligatoires et s'imposent aux pouvoirs publics, à toutes les autorités administratives et juridictionnelles, civiles et militaires ainsi qu'aux particuliers.
« Tout acte déclaré non conforme à la Constitution est nul de plein droit. »

[39] Article 74 : « Le Président de la République élu entre en fonction dans les dix jours qui suivent la proclamation des résultats définitifs de l'élection présidentielle.
« Avant son entrée en fonction, le Président de la République prête, devant la Cour Constitutionnelle, le serment ci-après :
« *Moi.... élu Président de la République Démocratique du Congo, je jure solennellement devant Dieu et la nation :*
- d'observer et de défendre la Constitution et les lois de la République ;
- de maintenir son indépendance et l'intégrité de son territoire ;
- de sauvegarder l'unité nationale ;
- de ne me laisser guider que par l'intérêt général et le respect des droits de la personne humaine ;

- de consacrer toutes mes forces à la promotion du bien commun et de la paix;
- de remplir, loyalement et en fidèle serviteur du peuple, les hautes fonctions qui me sont confiées. »

[40] Article 161 : « La Cour constitutionnelle connaît des recours en interprétation de la Constitution sur saisine du Président de la République, du Gouvernement, du Président du Sénat, du Président de l'Assemblée nationale, d'un dixième des membres de chacune des Chambres parlementaires, des Gouverneurs de province et des Présidents des Assemblées provinciales.
« Elle juge du contentieux des élections présidentielles et législatives ainsi que du référendum.
« Elle connaît des conflits de compétences entre le pouvoir exécutif et le pouvoir législatif ainsi qu'entre l'État et les provinces.
« Elle connaît des recours contre les arrêts rendus par la Cour de cassation et le Conseil d'État, uniquement en tant qu'ils se prononcent sur l'attribution du litige aux juridictions de l'ordre judiciaire ou administratif. Ce recours n'est recevable que si un déclinatoire de juridiction a été soulevé par ou devant la Cour de cassation ou le Conseil d'État.
« Les modalités et les effets des recours visés aux alinéas précédents sont déterminés par la loi. »

[41] Article 74, voir réf. 38 ci-dessus.

[42] Mbombo AM, *L'Albinos avatar – Voyage de noces au pays natal, Tome 2,* Éd. Solstice Austral, 2018, p. 287.

[43] Hymne national du Zaïre, écrit par le prêtre Simon-Pierre Boka et composé par Joseph Lutumba en 1971.

[44] *Amistad*, film américain réalisé par Steven Spielberg, 1997, inspiré de faits authentiques : une mutinerie d'un groupe d'esclaves Africains transportés à bord de la goélette espagnole *La Amistad* en 1839. Les naufragés sont accusés de mutinerie et de meurtre aux États-Unis d'Amérique.

[45] Article 168. *Réf. 37* ci-dessus.

[46] Adu Elenga, *Ata ndele mokili ekobaluka*, cité par Dindo Yogo dans *Mokili echanger*, Zaiko Langa Langa, 1985.

[47] Majambu Mbikayi, *réf. 22 ci-dessus*, p.51.

REMERCIEMENTS

J'ai le réel plaisir d'exprimer ma gratitude à mes compatriotes Congolais de l'étranger nés au Congo, Prof. Majambu Mbikay, Ndia-Bintu Kayembe, Rémi Biakabutuka, André Paluku Kivikwamo, André Tumba Kazadi, Mutombo Faustin Katanga, Manda Tshowa et Guy Mushagalusa Chigoho, qui ont eu connaissance du contenu du présent plaidoyer pour l'instauration de la double nationalité et qui ne m'ont pas découragé.

Tout compte fait, je ne remercierai jamais assez mes amis Serge St-Arneault, le directeur du Centre Afrika de Montréal, l'ingénieur-agronome à la retraite Pierre Dugas et Christos Fetichanopoulos, mon associé honoraire, qui ont, en toute amitié, chacun selon sa disponibilité, discuté avec moi de la pertinence du thème de ce livre.

Dépôt légal

Bibliothèque et Archives nationales du Québec – 1er trimestre 2022
Bibliothèque et Archives du Canada – 1er trimestre 2022
ISBN 978-2-9820579-0-6

Imprimé au Canada